AF211043

Als Minerva, jenen Liebling,
Den Prometheus, zu begünst'gen,
Eine volle Nektarschale
Von dem Himmel niederbrachte,
Seine Menschen zu beglücken
Und den Trieb zu holden Künsten
Ihrem Busen einzuflößen,
Eilte sie mit schnellen Füßen,
Daß sie Jupiter nicht sähe;
Und die goldne Schale schwankte,
Und es fielen wenig Tropfen
Auf den grünen Boden nieder.

Emsig waren drauf die Bienen
Hinterher und saugten fleißig;
Kam der Schmetterling geschäftig,
Auch ein Tröpfchen zu erhaschen;
Selbst die ungestalte Spinne
Kroch herbei und sog gewaltig.

Glücklich haben sie gekostet,
Sie und andre zarte Tierchen!
Denn sie teilen mit dem Menschen
Nun das schönste Glück, die Kunst.

Nektartropfen
Johann Wolfgang Goethe[1]

Bibliografische Information der Deutschen Nationalbibliothek:
Die Deutsche Nationalbibliothek verzeichnet diese Publikation in der
Deutschen Nationalbibliografie; detaillierte bibliografische Daten sind
im Internet über www.dnb.de abrufbar.

Copyright © 2023 Nora Thielen
Umschlagbild: Griechische Ruinen auf Sizilien. Jakob P. Hackert 1778.
Herstellung und Verlag: BoD - Books on Demand, Norderstedt
ISBN: 9783757862626

Aus Goethes Leben

Vom schönsten Glück der Kunst

Herausgegeben von Nora Thielen

INHALT

Vorbemerkung

Mit Goethe hatte es Minerva besonders gut gemeint, als sie den Nektar der holden Künste verschenkte. Goethe besaß viele Talente und hatte das Glück, dass sie von klein auf gefördert wurden. Die Mutter, eine begnadete Geschichtenerzählerin, entzündete Vorstellungskraft und Erfindungsreichtum, die Leidenschaft des Vaters für Italien regte das Kunstempfinden an. »Das Auge war vor allen anderen das Organ, womit ich die Welt fasste«, begründete Goethe sein Weltverhältnis in »Dichtung und Wahrheit«. Seine Neigung zur bildenden Kunst, der intensive Kontakt zu den Frankfurter Malern während der französischen Besatzung, die prägenden Studien bei Oeser an der Leipziger Zeichenakademie, die Verehrung des Schönen der alten Griechen zeugt von dieser Lust am Schauen. Aber auch sein unermüdliches Studium von Naturerscheinungen. Auch die Musik hatte im Elternhaus ihren festen Platz. Die Mutter sang deutsche und italienische Arien, spielte Klavier, der Vater spielte Laute. Goethe selbst hatte wie seine Schwester Cornelia Klavierunterricht. Ein wesentlicher Zug von Goethes Musikverständnis zeigt sich schon während der Leipziger Studentenzeit, seine Gedichte wünschte er vertont, erst dann hielt er sie für vollendet. Als er sein Studium in Straßburg fortsetzte, lernte er Cello spielen und wirkte im Ensemble der Freunde mit. Im Elsass sammelte er Volkslieder, die er als Einheit von Text und Melodie begriff.

Auffassung und Darstellung des Besonderen hielt Goethe für das eigentliche Leben der Kunst, denn nur das Selbsterlebte sei unnachahmlich. Und dieses Besondere, dieser hohe Gehalt an Authentizität, an Echtheit spricht aus allen seinen Briefen. Selbst in den Zeiten als junger Minister, als sich die »Schriftstellerei dem Leben subordiniert«, als die Last der Alltagspflichten die Kreativität zu verschütten droht, stets bleiben ihm - schreibend, zeichnend, dichtend - als seelisches Allheilmittel »die Zettelgen« an die Freundin. - Und dann Italien! Der Durst nach wahrer Kunst. Zwanzig herrliche Monate unter seinesgleichen. »Nun bin ich hier und ruhig und wie es scheint auf mein ganzes Leben beruhigt.« Tatsächlich bewahren sich die Eindrücke bis ins hohe Alter: Der Apollo von Belvedere, das Kolosseum, die Via Appia, das Pantheon, die Aqua Claudia, der Petersdom, die Sixtinische Kapelle, die sakralen Gesänge, die Oper, die Farben, das Licht . . . »Im italienischen Gemüt gehen Theater und Leben fließend ineinander über«. Daheim profitiert die Liebe von dem neuen Lebensgefühl. Und das Weimarer Theater. Neben Gipsabgüssen, Steinen, Bildern hat Goethe sein klassisches Ideal im Rückreisegepäck. Ein Ideal höchster ästhetischer Kunstauffassung, das ihn mit Schiller verbinden wird.

Goethe hatte sich zugleich als Dichter und Naturforscher nach Italien begeben, mit dem wachen Blick für alle sichtbaren und unsichtbaren Zusammenhänge, der die Natur in der Kunst, die Kunst in der Natur erkennt und ihre beständige Wechselwirkung. Vollkommenheit ist das Wesen der Natur. Vollkommenheit aber ist Ordnung, ist Harmonie, ist Wahrheit, ist Schönheit, ist stille Größe . . . Klassisches Leben und klassische Kunst bauen auf dieser Wahrheit auf, zeitlos und unvergänglich wie die Natur. »Was uns allein zum wahren Genuss des Schönen bilden kann«, klingt es im enthusiastisch von Goethe bekräftigten Manifest von Karl Philipp Moritz, »ist das, wodurch das Schöne selbst entstand: ruhige Betrachtung der Natur und Kunst als eines einzigen großen Ganzen. Denn was die Vorwelt hervorgebracht, ist nun mit der Natur verbunden und eins geworden und soll mit ihr vereint harmonisch auf uns wirken.«[2]

Die Familie des Kaiserlichen Rates Johann Caspar Goethe in arkadischer Tracht, was ganz dem Geschmack der Zeit entsprach, wie der Vorliebe des Goethevaters für Italien. Johann Conrad Seekatz, 1762.

1.

Von der Kindheit

Vom Vater hab ich die Statur,
Des Lebens ernstes Führen,
Von Mütterchen die Frohnatur
Und Lust zu fabulieren.

Zahme Xenien 6[1]

Fröhlichkeit ist die Mutter aller Tugenden

Die höchste Qualität des Erziehers sah Goethe in der Fähigkeit, in Kindern die Empfänglichkeit für alles Gute, Schöne, Große, Wahre zu wecken,»um es mit Freuden aufzufassen, wo es ihnen zur rechten Stunde begegnete. Am besten »ohne, dass sie es merkten und wüssten.«[2] Genau dies hat seine Mutter getan, allein mit ihrem großen Herzen und ihrem unerschütterlichen Optimismus.

»›Frau Aja Wohlgemuth‹ pflegte sich die Mutter Goethes in ihrem Alter gern zu nennen, wenn sie einmal der Heiterkeit ihres Herzens übersprudelnden Ausdruck gegeben hatte«, beschreibt sie der Literaturhistoriker Johannes Proelß im Familienblatt »Die Gartenlaube«. *» ›Liebe Mutter Aja‹ – so klang die Anrede, wenn die Freunde ihres Sohnes, die alten wie die jungen, die vornehmen wie die geringen Standes, verwöhnte Fürstlichkeiten und verfahrene Sturm- und Dranggeister, sich an die Frau Rat mit Fragen, Bitten, Grüßen wandten oder es sich wohl sein ließen am ›runden Tisch‹ in der ›blauen Stube‹ des stattlichen Hauses ›zu den drei Leyern‹ auf dem Großen Hirschgraben zu Frankfurt a. M. ... Frau Aja selbst hat ihre Eigenart auf das ›ungefälschte und starke Naturgefühl‹ zurückgeführt, ›das ihre Seele vor Rost und Fäulnis bewahrt.‹ ›Doch da mir Gott die Gnade angetan, dass meine Seele von Jugend auf keine Schnürbrust angekriegt hat, sondern dass sie nach Herzenslust hat wachsen und gedelhen, ihre Äste hat weit ausbreiten können und nicht wie die Bäume in den langweiligen Ziergärten zum Sonnenfächer ist verschnitten und verstümmelt worden; so fühle ich alles, was wahr, gut und brav ist, mehr als vielleicht tausend andere meines Geschlechts ...‹*

Derselben einfach großen Auffassung von Gott, Natur und Menschentum entsprang ihre Fähigkeit, die anderen Menschen

10

zu nehmen wie sie sind und nach ihren guten Eigenschaften zu beurteilen. ›Ich habe die Menschen sehr lieb – und das fühlt alt und jung, gehe ohne Prätension durch diese Welt und das behagt alten Evassöhnen und -töchtern – bemoralisiere niemand – suche immer die gute Seite auszuspähen – überlasse die schlimme dem, der den Menschen schuf und der es am besten versteht, die scharfen Ecken abzuschleifen, und bei dieser Methode befinde ich mich wohl, glücklich und vergnügt.‹ «[3]

Lebendige Eindrücke aus Goethes Kindertagen haben wir der jungen Bettine Brentano zu verdanken, die ab 1806 zu Mutter Ajas Füßen saß, um ihren Erzählungen zu lauschen. – Ja, erzählen konnte sie! Die Mutter glaubte auch, sich einen Anteil an der Darstellungsgabe ihres Sohnes zuschreiben zu dürfen, *»›denn einmal‹, sagte sie, ›konnte ich nicht ermüden zu erzählen, so wie er nicht ermüdete zuzuhören; Luft, Feuer, Wasser und Erde stellte ich ihm unter schönen Prinzessinnen vor, und alles, was in der ganzen Natur vorging, dem ergab sich eine Bedeutung, an die ich bald selbst fester glaubte als meine Zuhörer, und da wir uns erst zwischen den Gestirnen Straßen dachten, und dass wir einst Sterne bewohnen würden, und welchen großen Geistern wir da oben begegnen würden, da war kein Mensch so eifrig auf die Stunde des Erzählens mit den Kindern wie ich, ja, ich war im höchsten Grad begierig, unsere kleinen eingebildeten Erzählungen weiterzuführen, und eine Einladung, die mich um einen solchen Abend brachte, war mir immer verdrießlich.*

Da saß ich, und da verschlang er mich bald mit seinen großen schwarzen Augen, und wenn das Schicksal irgendeines Lieblings nicht recht nach seinem Sinn ging, da sah ich, wie die Zornader an der Stirn schwoll, und wie er die Tränen verbiss. Manchmal griff er ein und sagte, noch eh ich meine Wendung genommen hatte: ›Nicht wahr, Mutter, die Prinzessin heiratet nicht den

verdammten Schneider, wenn er auch den Riesen totschlägt‹;
wenn ich nun Halt machte und die Katastrophe auf den nächsten
Abend verschob, so konnte ich sicher sein, dass er bis dahin
alles zurechtgerückt hatte, und so ward mir denn meine Einbil-
dungskraft, wo sie nicht mehr zureichte, häufig durch die seine
ersetzt; wenn ich denn am nächsten Abend die Schicksalsfäden
nach seiner Angabe weiter lenkte und sagte: ›Du hast's geraten,
so ist's gekommen‹, da war er Feuer und Flamme, und man
konnte sein Herzchen unter der Halskrause schlagen sehen.

Der Großmutter, die im Hinterhause wohnte, und deren Lieb-
ling er war, vertraute er nun allemal seine Ansichten, wie es mit
der Erzählung wohl noch werde, und von dieser erfuhr ich, wie
ich seinen Wünschen gemäß weiter im Text kommen solle, und
so war ein geheimes diplomatisches Treiben zwischen uns, das
keiner an den andern verriet; so hatte ich die Satisfaktion, zum
Genuss und Erstaunen der Zuhörenden, meine Märchen vorzu-
tragen, und der Wolfgang, ohne je sich als den Urheber aller
merkwürdigen Ereignisse zu bekennen, sah mit glühenden Augen
der Erfüllung seiner kühn angelegten Pläne entgegen und
begrüßte das Ausmalen derselben mit enthusiastischem Beifall.‹«

Bettine an Goethe, 24. November 1810[4]

Eines der größten und prägendsten Ereignisse im Leben des
kleinen Wolfgang war der Tag, an dem ihm die Großmutter die
Welt des Theaters eröffnete. In seiner Lebenserzählung *Dichtung
und Wahrheit* erinnert sich Goethe der Spiele in deren geräumi-
gem Wohnzimmer.

Die Großmutter »wusste uns mit allerlei Kleinigkeiten zu
beschäftigen, und mit allerlei guten Bissen zu erquicken. An
einem Weihnachtsabende jedoch setzte sie allen ihren Wohl-
taten die Krone auf, indem sie uns ein Puppenspiel vorstellen
ließ, und so in dem alten Hause eine neue Welt erschuf. Dieses

unerwartete Schauspiel zog die jungen Gemüter mit Gewalt an sich; besonders auf den Knaben machte es einen sehr starken Eindruck, der in eine große langdauernde Wirkung nachklang.«[5]

Enthusiasmus und Fantasie einmal entfacht, freute sich der junge Künstler auf jede Gelegenheit, sein Darstellungsvermögen unter Beweis zu stellen, wie Bettine aus dem Anekdotenschatz der Mutter dem Dichter zu berichten weiß.

»Lass mich Dir noch erzählen, dass Dein Großvater zum Gedächtnis Deiner Geburt einen Birnbaum in dem wohlge-pflegten Garten vor dem Bockenheimer Tor gepflanzt hat, der Baum ist sehr groß geworden, von seinen Früchten, die köstlich sind, hab ich gegessen und – Du würdest mich auslachen, wenn ich Dir alles sagen wollte. Es war ein schöner Frühling, sonnig und warm, der junge hochstämmige Birnbaum war über und über bedeckt mit Blüten, nun war's, glaub ich, am Geburtstag der Mutter, da schafften die Kinder den grünen Sessel, auf dem sie abends, wenn sie erzählte, zu sitzen pflegte, und der darum der Märchensessel genannt wurde, in aller Stille in den Garten, putzten ihn auf mit Bändern und Blumen, und nachdem Gäste und Verwandte sich versammelt hatten, trat der Wolfgang als Schäfer gekleidet mit einer Hirtentasche, aus der eine Rolle mit goldnen Buchstaben herabhing, mit einem grünen Kranz auf dem Kopf unter den Birnbaum und hielt eine Anrede an den Sessel, als den Sitz der schönen Märchen, es war eine große Freude, den schönen bekränzten Knaben unter den blühenden Zweigen zu sehen, wie er im Feuer der Rede, welche er mit großer Zuversicht hielt, aufbrauste.

Der zweite Teil dieses schönen Festes bestand in Seifenblasen, die im Sonnenschein, von Kindern, welche den Märchenstuhl umkreisten, in die heitere Luft gehaucht, von Zephir aufge-nommen und schwebend hin und her geweht wurden; sooft eine Blase auf den gefeierten Stuhl sank, schrie alles: ›Ein Märchen!

ein Märchen!‹ Wenn die Blase, von der krausen Wolle des Tuches eine Weile gehalten, endlich platzte, schrien sie wieder: ›Das Märchen platzt.‹ Die Nachbarsleute in den angrenzenden Gärten guckten über Mauer und Verzäunung und nahmen den lebhaftesten Anteil an diesem großen Jubel, so dass dies kleine Fest am Abend in der ganzen Stadt bekannt war.

Die Stadt hat's vergessen, die Mutter hat's behalten und es sich später oft als eine Weissagung Deiner Zukunft ausgelegt.

24. November 1810[6]

Einmal zur Herbstlese, wo denn in Frankfurt am Abend in allen Gärten Feuerwerke abbrennen und von allen Seiten Raketen aufsteigen, bemerkte man in den entferntesten Feldern, wo sich die Festlichkeit nicht hin erstreckt hatte, viele Irrlichter, die hin und her hüpften, bald auseinander, bald wieder eng zusammen, endlich fingen sie gar an, figurierte Tänze aufzuführen, wenn man nun näher drauf los kam, verlosch ein Irrlicht nach dem andern, manche taten noch große Sätze und verschwanden, andere blieben mitten in der Luft und verloschen dann plötzlich, andere setzten sich auf Hecken und Bäume, weg waren sie, die Leute fanden nichts, gingen wieder zurück, gleich fing der Tanz von vorne an; ein Lichtlein nach dem andern stellte sich wieder ein und tanzte um die halbe Stadt herum. Was war's? - Goethe, der mit vielen Kameraden, die sich Lichter auf die Hüte gesteckt hatten, da draußen herumtanzte.

Das war Deiner Mutter eine der liebsten Anekdoten, sie konnte noch manches dazu erzählen, wie Du nach solchen Streichen immer lustig nach Hause kamst und hundert Abenteuer gehabt usw. – Deiner Mutter war gut zuhören! –

Bettine an Goethe, 28. November 1810[7]

14

Catharina Elisabeth Goethe (1776) und Johann Caspar Goethe (1774).

Zeichnen lernen muss jeder

Goethes Vater kennen wir vor allem aus *Dichtung und Wahrheit*, ein gewissenhafter, auf gründliche Bildung bedachter Mann »lehrhafter Natur«, dem sehr daran gelegen war, das »was er wusste und vermochte, auf andre [zu] übertragen.«[8] Zum Glück war da noch diese andere Seite. Alle hölzerne Strenge fiel von ihm ab, sobald es um Italien ging. *»Seine Vorliebe für die italienische Sprache und für alles, was sich auf jenes Land bezieht, war sehr ausgesprochen. Eine kleine Marmor- und Naturaliensammlung, die er von dorther mitgebracht, zeigte er uns auch manchmal vor, und einen großen Teil seiner Zeit verwendete er auf seine italienisch verfasste Reisebeschreibung, deren Abschrift und Redaktion er eigenhändig, heftweise, langsam und genau ausfertigte. Ein alter heiterer italienischer Sprachmeister, Giovinazzi genannt, war ihm daran behülflich. Auch sang der Alte nicht übel, und meine Mutter musste sich bequemen, ihn und sich selbst mit dem Klaviere täglich zu akkompagnieren; da ich denn das »Solitario bosco ombroso« bald kennen lernte, und auswendig wusste, ehe ich es verstand.«[9]*

Die Atmosphäre des ganzen Hauses regte das Kunstempfinden des Knaben an. Am meisten zogen ihn eine Reihe römischer Prospekte an, *»mit welchen der Vater einen Vorsaal ausge- schmückt hatte, gestochen von einigen geschickten Vorgängern des Piranesi, die sich auf Architektur und Perspektive wohl verstanden, und deren Nadel sehr deutlich und schätzbar ist. Hier sah ich täglich die Piazza del Popolo, das Coliseo, den Petersplatz, die Peterskirche von außen und innen, die Engels- burg und so manches andere. Diese Gestalten drückten sich tief bei mir ein, und der sonst sehr lakonische Vater hatte wohl manchmal die Gefälligkeit, eine Beschreibung des Gegenstandes vernehmen zu lassen.«*[10]

Es liegt nahe, dass im Lehrplan des akribischen Vaters das Zeichnen nicht fehlen durfte. Zeichnen, meinte er, müsse jedermann lernen. Dazu stellte er einen alten Zeichenmeister ein, der die Kinder Wolfgang und Cornelia täglich eine Stunde beschäftigte. Der Vater selbst *»hatte nie gezeichnet, wollte nun aber, da seine Kinder diese Kunst trieben, nicht zurückbleiben, sondern ihnen, selbst in seinem Alter, ein Beispiel geben, wie sie in ihrer Jugend verfahren sollten. Er kopierte also einige Köpfe des Piazzetta, nach dessen bekannten Blättern in klein Oktav, mit englischem Bleistift auf das feinste holländische Papier. Er beobachtete dabei nicht allein die größte Reinlichkeit im Umriss, sondern ahmte auch die Schraffierung des Kupfer- stichs aufs genauste nach, mit einer leichten Hand, nur allzu leise, da er denn, weil er die Härte vermeiden wollte, keine Haltung in seine Blätter brachte. Doch waren sie durchaus zart und gleichförmig. Sein anhaltender unermüdlicher Fleiß ging so weit, dass er die ganze ansehnliche Sammlung nach allen ihren Nummern durchzeichnete, indessen wir Kinder von einem Kopf zum andern sprangen und uns nur die auswählten, die uns gefielen.«*[11]

Weit mehr als der gute alte Zeichenlehrer dürfte der uner-
wünschte Freundschaftsbesuch der Franzosen Ende der 1750er
Jahre das Kunstverständnis des Knaben gefördert haben. Goethes
Vater musste unter der Besatzung für zwei Jahre einige Zimmer
seines Hauses ausgerechnet für den ranghöchsten französischen
Offizier räumen, den Stadtkommandanten Graf François de
Thoranc. Ein gebildeter Offizier mit außerordentlichem Kunst-
sinn.[12]

*»Gleich in den ersten Tagen der Anwesenheit des Grafen
wurden die sämtlichen Frankfurter Maler, als Hirt, Schütz,
Trautmann, Nothnagel, Juncker, zu ihm berufen. Sie zeigten ihre
fertigen Gemälde vor, und der Graf eignete sich das Verkäuf-
liche zu. Ihm wurde mein hübsches helles Giebelzimmer in der
Mansarde eingeräumt und sogleich in ein Kabinett und Atelier
umgewandelt: denn er war willens, die sämtlichen Künstler, vor
allen aber Seekatz in Darmstadt, dessen Pinsel ihm besonders bei
natürlichen und unschuldigen Vorstellungen höchlich gefiel, für
eine ganze Zeit in Arbeit zu setzen. Er ließ daher von Grasse,
wo sein älterer Bruder ein schönes Gebäude besitzen mochte, die
sämtlichen Maße aller Zimmer und Kabinette herbeikommen,
überlegte sodann mit den Künstlern die Wandabteilungen, und
bestimmte die Größe der hiernach zu verfertigenden ansehn-
lichen Ölbilder, welche nicht in Rahmen eingefasst, sondern als
Tapetenteile auf die Wand befestigt werden sollten. Hier ging
nun die Arbeit eifrig an. Seekatz übernahm ländliche Szenen,
worin die Greise und Kinder, unmittelbar nach der Natur gemalt,
ganz herrlich glückten; die Jünglinge wollten ihm nicht ebenso
geraten, sie waren meist zu hager; und die Frauen missfielen aus
der entgegengesetzten Ursache. Denn da er eine kleine dicke, gute
aber unangenehme Person zur Frau hatte, die ihm außer sich
selbst nicht wohl ein Modell zuließ, so wollte nichts Gefälliges
zustande kommen. Zudem war er genötigt gewesen, über das Maß*

seiner Figuren hinauszugehen. Seine Bäume hatten Wahrheit, aber ein kleinliches Blätterwerk. Er war ein Schüler von Brinckmann, dessen Pinsel in Staffeleigemälden nicht zu schelten ist.

Schütz, der Landschaftmaler, fand sich vielleicht am besten in die Sache. Die Rheingegenden hatte er ganz in seiner Gewalt, sowie den sonnigen Ton, der sie in der schönen Jahreszeit belebt. Er war nicht ganz ungewohnt, in einem größern Maßstabe zu arbeiten, und auch da ließ er es an Ausführung und Haltung nicht fehlen. Er lieferte sehr heitre Bilder.

Trautmann rembrandtisierte einige Auferweckungswunder des Neuen Testaments, und zündete nebenher Dörfer und Mühlen an. Auch ihm war, wie ich aus den Aufrissen der Zimmer bemerken konnte, ein eigenes Kabinett zugeteilt worden. Hirt malte einige gute Eichen- und Buchenwälder. Seine Herden waren lobenswert. Juncker, an die Nachahmung der ausführlichsten Niederländer gewöhnt, konnte sich am wenigsten in diesen Tapetenstil finden; jedoch bequemte er sich, für gute Zahlung, mit Blumen und Früchten manche Abteilung zu verzieren.

Da ich alle diese Männer von meiner frühsten Jugend an gekannt, und sie oft in ihren Werkstätten besucht hatte, auch der Graf mich gern um sich leiden mochte, so war ich bei den Aufgaben, Beratschlagungen und Bestellungen wie auch bei den Ablieferungen gegenwärtig, und nahm mir, zumal wenn Skizzen und Entwürfe eingereicht wurden, meine Meinung zu eröffnen gar wohl heraus. Ich hatte mir schon früher bei Gemäldeliebhabern, besonders aber auf Auktionen, denen ich fleißig beiwohnte, den Ruhm erworben, dass ich gleich zu sagen wisse, was irgend ein historisches Bild vorstelle, es sei nun aus der biblischen oder der Profangeschichte oder aus der Mythologie genommen; und wenn ich auch den Sinn der allegorischen Bilder nicht immer traf, so war doch selten jemand gegenwärtig, der es besser verstand als ich. So hatte ich auch öfters die Künstler vermocht, diesen oder jenen Gegenstand vorzustellen, und solcher Vorteile bediente ich mich gegenwärtig mit Lust und Liebe. Ich erinnere mich noch, dass ich einen umständlichen Aufsatz verfertigte, worin ich zwölf Bilder beschrieb, welche die Geschichte Josephs darstellen sollten: einige davon wurden ausgeführt.[13]

Nach diesen für einen Knaben allerdings löblichen Verrichtungen will ich auch einer kleinen Beschämung, die mir innerhalb dieses Künstlerkreises begegnete, Erwähnung tun. Ich war nämlich mit allen Bildern wohl bekannt, welche man nach und nach in jenes Zimmer gebracht hatte. Meine jugendliche Neugierde ließ nichts ungesehen und ununtersucht. Einst fand ich hinter dem Ofen ein schwarzes Kästchen; ich ermangelte nicht, zu forschen, was darin verborgen sei, und ohne mich lange zu besinnen, zog ich den Schieber weg. Das darin enthaltene Gemälde war freilich von der Art, die man den Augen nicht auszustellen pflegt, und ob ich es gleich alsobald wieder zuzuschieben Anstalt machte, so konnte ich doch nicht geschwind genug damit fertig werden. Der Graf trat herein und ertappte mich. - ›Wer hat Euch erlaubt, dieses Kästchen zu eröffnen?‹ sagte er mit seiner Königslieutenants-miene. Ich hatte nicht viel darauf zu antworten, und er sprach sogleich die Strafe sehr ernsthaft aus: ›Ihr werdet in acht Tagen‹, sagte er, ›dieses Zimmer nicht betreten.‹ - Ich machte eine Verbeu-gung und ging hinaus. Auch gehorchte ich diesem Gebot aufs pünktlichste, so dass es dem guten Seekatz, der eben in dem Zimmer arbeitete, sehr verdrießlich war: denn er hatte mich gern um sich; und ich trieb aus einer kleinen Tücke den Gehorsam so weit, dass ich Seekatzen seinen Kaffee, den ich ihm gewöhnlich brachte, auf die Schwelle setzte; da er denn von seiner Arbeit aufstehen und ihn holen musste, welches er so übel empfand, dass er mir fast gram geworden wäre.«[14]

19

Theaterluft

Der zehnjährige Wolfgang war von den Militärgästen höchst angetan. *»Nun fehlte es von dem ersten Tage der Besitznehmung unserer Stadt, zumal Kindern und jungen Leuten, nicht an immerwährender Zerstreuung. Theater und Bälle, Paraden und Durchmärsche zogen unsere Aufmerksamkeit hin und her. Die letztern besonders nahmen immer zu, und das Soldatenleben schien uns ganz lustig und vergnüglich.«*[15]

»Aber dieses war alles nur wenig gegen den Vorteil, den mir das Theater brachte. Von meinem Großvater hatte ich ein Freibillett erhalten, dessen ich mich, mit Widerwillen meines Vaters, unter dem Beistand meiner Mutter, täglich bediente. Hier saß ich nun im Parterre vor einer fremden Bühne, und passte um so mehr auf Bewegung, mimischen und Rede-Ausdruck, als ich wenig oder nichts von dem verstand, was da oben gesprochen wurde, und also meine Unterhaltung nur vom Gebärdenspiel und Sprachton nehmen konnte. ...

Es dauerte nicht lange, so regte sich der Wunsch bei mir, mich auf dem Theater selbst umzusehen, wozu sich mir so mancherlei Gelegenheit darbot. Denn da ich nicht immer die ganzen Stücke auszuhören Geduld hatte, und manche Zeit in den Korridors, auch wohl bei gelinderer Jahrszeit vor der Türe, mit andern Kindern meines Alters allerlei Spiele trieb, so gesellte sich ein schöner munterer Knabe zu uns, der zum Theater gehörte, und den ich in manchen kleinen Rollen, obwohl nur beiläufig, gesehen hatte. Mit mir konnte er sich am besten verständigen, indem ich mein Französisch bei ihm geltend zu machen wusste; und er knüpfte sich um so mehr an mich, als kein Knabe seines Alters und seiner Nation beim Theater oder sonst in der Nähe war. Wir gingen auch außer der Theaterzeit zusammen, und selbst während der

Vorstellungen ließ er mich selten in Ruhe. Er war ein allerliebster kleiner Aufschneider, schwätzte charmant und unaufhörlich, und wusste so viel von seinen Abenteuern, Händeln und andern Sonderbarkeiten zu erzählen, dass er mich außerordentlich unterhielt, und ich von ihm, was Sprache und Mitteilung durch dieselbe betrifft, in vier Wochen mehr lernte, als man sich hätte vorstellen können; so dass niemand wusste, wie ich auf einmal, gleichsam durch Inspiration, zu der fremden Sprache gelangt war.

Gleich in den ersten Tagen unserer Bekanntschaft zog er mich mit sich aufs Theater, und führte mich besonders in die Foyers, wo die Schauspieler und Schauspielerinnen in der Zwischenzeit sich aufhielten und sich an- und auskleideten. Das Lokal war weder günstig noch bequem, indem man das Theater in einen Konzertsaal hineingezwängt hatte, so dass für die Schauspieler hinter der Bühne keine besonderen Abteilungen stattfanden. In einem ziemlich großen Nebenzimmer, das ehedem zu Spielpartien gedient hatte, waren nun beide Geschlechter meist beisammen und schienen sich so wenig unter einander selbst als vor uns Kindern zu scheuen, wenn es beim Anlegen oder Verändern der Kleidungsstücke nicht immer zum anständigsten herging. Mir war dergleichen niemals vorgekommen, und doch fand ich es bald durch Gewohnheit, bei wiederholtem Besuch, ganz natürlich. ...

Was mir meine Besuche auf dem Theater sehr erleichterte, war, dass mir mein Freibillett, als aus den Händen des Schultheißen, den Weg zu allen Plätzen eröffnete, und also auch zu den Sitzen im Proszenium*. Dieses war nach französischer Art sehr tief und an beiden Seiten mit Sitzen eingefasst, die, durch eine niedrige Barriere beschränkt, sich in mehreren Reihen hinter einander aufbauten, und zwar dergestalt, dass die ersten Sitze nur wenig über die Bühne erhoben waren. Das Ganze galt für einen besondern

---

*Proszenium oder Proskenion: vorderste Bereich einer Theaterbühne.

Ehrenplatz; nur Offiziere bedienten sich gewöhnlich desselben, obgleich die Nähe der Schauspieler, ich will nicht sagen jede Illusion, sondern gewissermaßen jedes Gefallen aufhob. Sogar jenen Gebrauch oder Missbrauch, über den sich Voltaire so sehr beschwert, habe ich noch erlebt und mit Augen gesehen. Wenn bei sehr vollem Hause, und etwa zur Zeit von Durchmärschen, angesehene Offiziere nach jenem Ehrenplatz strebten, der aber gewöhnlich schon besetzt war, so stellte man noch einige Reihen Bänke und Stühle ins Proszenium auf die Bühne selbst, und es blieb den Helden und Heldinnen nichts übrig, als in einem sehr mäßigen Raume zwischen den Uniformen und Orden ihre Geheimnisse zu enthüllen. Ich habe die ›Hypermnestra‹ selbst unter solchen Umständen aufführen sehen.

Der Vorhang fiel nicht zwischen den Akten; und ich erwähne noch eines seltsamen Gebrauchs, den ich sehr auffallend finden musste, da mir als einem guten deutschen Knaben das Kunst-widrige daran ganz unerträglich war. Das Theater nämlich ward als das größte Heiligtum betrachtet, und eine vorfallende Störung auf demselben hätte als das größte Verbrechen gegen die Majestät des Publikums sogleich müssen gerügt werden. Zwei Grenadiere, das Gewehr beim Fuß, standen daher in allen Lustspielen ganz öffentlich zu beiden Seiten des hintersten Vorhangs, und waren Zeugen von allem, was im Innersten der Familie vorging. Da, wie gesagt, zwischen den Akten der Vorhang nicht niederge-lassen wurde, so lösten, bei einfallender Musik, zwei andere dergestalt ab, dass sie aus den Kulissen ganz strack vor jene hintraten, welche sich dann ebenso gemessentlich zurückzogen. Wenn nun eine solche Anstalt recht dazu geeignet war, alles, was man beim Theater Illusion nennt, aufzuheben, so fällt es um so mehr auf, da dieses zu einer Zeit geschah, wo nach Diderots Grundsätzen und Beispielen die natürlichste Natürlich-keit auf der Bühne gefordert, und eine vollkommene Täuschung als das eigentliche Ziel der theatralischen Kunst angegeben wurde. Von einer solchen militärischen Polizeianstalt war jedoch die Tragödie entbunden, und die Helden des Altertums hatten das Recht, sich selbst zu bewachen; die gedachten Grenadiere standen indes nahe genug hinter den Kulissen. ...

Alle diese theatralische Mannigfaltigkeit konnte jedoch uns Kinder nicht immer im Schauspielhause festhalten. Wir spielten bei schönem Wetter vor demselben und in der Nähe, und begingen allerlei Torheiten, welche besonders an Sonn- und Festtagen keineswegs zu unsrem Äußeren passten: denn ich und meinesgleichen erschienen alsdann [...] den Hut unterm Arm, mit einem kleinen Degen, dessen Bügel mit einer großen seidenen Bandschleife geziert war. Einst, als wir eine ganze Zeit unser Wesen getrieben und Derones [der Theaterjunge] *sich unter uns gemischt hatte, fiel es diesem ein, mir zu beteuern, ich hätte ihn beleidigt und müsse ihm Satisfaktion geben. Ich begriff zwar nicht, was ihm Anlass geben konnte, ließ mir aber seine Ausforderung gefallen und wollte ziehen. Er versicherte mir aber, es sei in solchen Fällen gebräuchlich, dass man an einsame Örter gehe, um die Sache desto bequemer ausmachen zu können. Wir verfügten uns deshalb hinter einige Scheunen, und stellten uns in gehörige Positur. Der Zweikampf erfolgte auf eine etwas theatralische Weise, die Klingen klirrten, und die Stöße gingen nebenaus; doch im Feuer der Aktion blieb er mit der Spitze seines Degens an der Bandschleife meines Bügels hängen. Sie ward durchbohrt, und er versicherte mir, dass er nun die vollkommenste Satisfaktion habe, umarmte mich sodann, gleichfalls recht theatralisch, und wir gingen in das nächste Kaffeehaus, um uns mit einem Glase Mandelmilch von unserer Gemütsbewegung zu erholen und den alten Freundschaftsbund nur desto fester zu schließen.«[16]*

Hof der »Großen Feuerkugel«, Goethes Studentendomizil in Leipzig.

2.

Von der Studentenzeit

Zu vollenden ist nicht die
Sache des Schülers, es ist
genug, wenn er sich übt.

Wilhelm Meisters Lehrjahre[1]

Das Auge war vor allen anderen das Organ, womit ich die Welt fasste.[2]

Auch als Jüngling bleibt Goethe dem Zeichenstift treu. Als der Vater das wilde, unstete Wesen seines Sohnes durch einen Aufseher zu bändigen erhofft, zieht es Zögling und Begleiter in die Natur. In seinen »heiligen Wald«. *»Ich hatte meinen Freund und Aufseher unvermerkt gewöhnt, ja genötigt, mich allein zu lassen; ... Nun störte mich nichts, meiner Liebhaberei nachzuhängen, die um desto emsiger war, als mir meine Blätter dadurch lieb wurden, dass ich mich gewöhnte, an ihnen nicht sowohl das zu sehen, was darauf stand, als dasjenige, was ich zu jeder Zeit und Stunde dabei gedacht hatte. So können uns Kräuter und Blumen der gemeinsten Art ein liebes Tagebuch bilden, weil nichts, was die Erinnerung eines glücklichen Moments zurückruft, unbedeutend sein kann; und noch jetzt würde es mir schwer fallen, manches dergleichen, was mir aus verschiedenen Epochen übrig geblieben, als wertlos zu vertilgen, weil es mich unmittelbar in jene Zeiten versetzt, deren ich mich zwar mit Wehmut, doch nicht ungern erinnere.«*[3]

Während der Leipziger Studienzeit ab 1765 bleibt das Zeichnen eines der Refugien, wo sich der Sechzehn-Siebzehnjährige zu Hause fühlt. Obwohl ihn sein Vater der Obhut des Professors für Geschichte und Staatsrecht anvertraut, gibt Goethe neben Vorlesungen der Poetik dem Zeichenunterricht des Malers Adam Friedrich Oeser bald den Vorzug. *»[Oeser] hatte mich gleich den ersten Augenblick sehr an sich gezogen; schon seine Wohnung, wundersam und ahndungsvoll, war für mich höchst reizend. In dem alten Schlosse Pleißenburg ging man rechts in der Ecke eine erneute heitre Wendeltreppe hinauf. Die Säle der Zeichenakademie, deren Direktor er war, fand man sodann links, hell und geräumig; aber zu ihm selbst gelangte man nur durch*

einen engen dunklen Gang, an dessen Ende man erst den
Eintritt zu seinen Zimmern suchte, zwischen deren Reihe und
einem weitläuftigen Kornboden man soeben hergegangen war.
Das erste Gemach war mit Bildern geschmückt aus der späteren
italienischen Schule, von Meistern, deren Anmut er höchlich zu
preisen pflegte. Da ich Privatstunden mit einigen Edelleuten bei
ihm genommen hatte, so war uns erlaubt, hier zu zeichnen, und
wir gelangten auch manchmal in sein daranstoßendes inneres
Kabinett, welches zugleich seine wenigen Bücher, Kunst- und
Naturaliensammlungen, und was ihn sonst zunächst interessieren
mochte, enthielt. Alles war mit Geschmack, einfach und der-
gestalt geordnet, dass der kleine Raum sehr vieles umfasste. Die
Möbeln, Schränke, Portefeuilles elegant ohne Ziererei oder Über-
fluss. So war auch das erste, was er uns empfahl und worauf er
immer wieder zurückkam, die Einfalt in allem, was Kunst und
Handwerk vereint hervorzubringen berufen sind. Als ein abge-
sagter Feind des Schnörkel- und Muschelwesens und des ganzen
barocken Geschmacks zeigte er uns dergleichen in Kupfer ge-
stochne und gezeichnete alte Muster im Gegensatz mit besseren
Verzierungen und einfacheren Formen der Möbel sowohl als
anderer Zimmerumgebungen, und weil alles um ihn her mit
diesen Maximen übereinstimmte, so machten die Worte und
Lehren auf uns einen guten und dauernden Eindruck. ...«[4]

In Leipzig machte zu jener Zeit das kurz nach Goethes Ankunft
neu eröffnete Komödienhaus von sich reden. Und Oesers Theater-
vorhang. Als herausragendes Beispiel seiner Allegorienkunst war
das Prachtstück bald weit über die Stadtgrenzen hinaus bekannt.
»Oeser hatte die Musen aus den Wolken, auf denen sie bei solchen
Gelegenheiten gewöhnlich schweben, auf die Erde versetzt.
Einen Vorhof zum Tempel des Ruhms schmückten die Statuen
des Sophokles und Aristophanes, um welche sich alle neuere
Schauspieldichter versammelten. Hier nun waren die Göttinnen

Darstellung des Oeser-Vorhangs. Christian Friedrich Wiegand, 1819.

der Künste gleichfalls gegenwärtig und alles würdig und schön. Nun aber kommt das Wunderliche! Durch die freie Mitte sah man das Portal des fernstehenden Tempels, und ein Mann in leichter Jacke ging zwischen beiden obgedachten Gruppen, ohne sich um sie zu bekümmern, hindurch, gerade auf den Tempel los; man sah ihn daher im Rücken, er war nicht besonders ausgezeichnet. Dieser nun sollte Shakespearen bedeuten, der ohne Vorgänger und Nachfolger, ohne sich um die Muster zu bekümmern, auf seine eigne Hand der Unsterblichkeit entgegengehe. Auf dem großen Boden über dem neuen Theater ward dieses Werk vollbracht. Wir versammelten uns dort oft um ihn [Oeser], und ich habe ihm daselbst die Aushängebogen von ›Musarion‹* vorgelesen.«[5]

28

*Philosophische Verserzählung von Christoph Martin Wieland mit Verweisen auf die griech. und röm. Mythologie, 1764 -1767.

Oeser förderte Goethes Kunstverständnis und künstlerisches Urteilsvermögen außerordentlich. In einem Dankesbrief aus Frankfurt schrieb Goethe später, er habe bei ihm mehr gelernt als in all den Jahren an der Universität.[6] Nun, Oeser hatte seine eigene Pädagogik. Die Mängel, an denen jeder Schüler litt, sah er recht gut; vermied es jedoch, *»sie direkt zu rügen, und deutete vielmehr Lob und Tadel indirekt sehr lakonisch an. Nun musste man über die Sache denken und kam in der Einsicht schnell um vieles weiter. So hatte ich z.B. auf blaues Papier einen Blumenstrauß, nach einer vorhandenen Vorschrift, mit schwarzer und weißer Kreide sehr sorgfältig ausgeführt, und teils mit Wischen, teils mit Schraffieren das kleine Bild hervorzuheben gesucht. Nachdem ich mich lange dergestalt bemüht, trat er einstens hinter mich und sagte: ›Mehr Papier!‹, worauf er sich sogleich entfernte. Mein Nachbar und ich zerbrachen uns den Kopf, was das heißen könne: denn mein Bouquet hatte auf einem großen halben Bogen Raum genug um sich her.*

Nachdem wir lange nachgedacht, glaubten wir endlich seinen Sinn zu treffen, wenn wir bemerkten, dass ich durch das Ineinanderarbeiten des Schwarzen und Weißen den blauen Grund ganz zugedeckt, die Mitteltinte zerstört und wirklich eine unangenehme Zeichnung mit großem Fleiß hervorgebracht hatte. Übrigens ermangelte er nicht, uns von der Perspektive, von Licht und Schatten zwar genugsam, doch immer nur so zu unterrichten, dass wir uns anzustrengen und zu quälen hatten, um eine Anwendung der überlieferten Grundsätze zu treffen. ...

Zu jener Zeit war ›Das Leben der Maler‹ von d'Argenville ins Deutsche übersetzt; ich erhielt es ganz frisch und studierte es emsig genug. Dies schien Oesern zu gefallen, und er verschaffte uns Gelegenheit, aus den großen Leipziger Sammlungen manches Portefeuille zu sehen, und leitete uns dadurch zur Geschichte der Kunst ein. Aber auch diese Übungen brachten

29

bei mir eine andere Wirkung hervor, als er im Sinn haben mochte.
Die mancherlei Gegenstände, welche ich von den Künstlern
behandelt sah, erweckten das poetische Talent in mir, und wie
man ja wohl ein Kupfer zu einem Gedicht macht, so machte ich
nun Gedichte zu den Kupfern und Zeichnungen, indem ich mir
die darauf vorgestellten Personen in ihrem vorhergehenden und
nachfolgenden Zustande zu vergegenwärtigen, bald auch ein
kleines Lied, das ihnen wohl geziemt hätte, zu dichten wusste,
und so mich gewöhnte, die Künste in Verbindung mit einander
zu betrachten. Ja selbst die Fehlgriffe, die ich tat, dass meine
Gedichte manchmal beschreibend wurden, waren mir in der
Folge, als ich zu mehrerer Besinnung kam, nützlich, indem sie
mich auf den Unterschied der Künste aufmerksam machten. ...«[7]

Oesers Kunstschulung wirkt nach

Oesers leidenschaftliche Verehrung für das hohe Kunstleben
Johann Joachim Winckelmanns in Italien, dessen »Evangelium
des Schönen« der alten Griechen fiel bei Goethe auf fruchtbaren Boden. »Wir nahmen dessen erste Schriften mit Andacht
in die Hände.«[8] Sich am Vorzüglichen orientieren, zählte für
Goethe ein Leben lang zu den obersten Maximen. Immer wieder
kehrte er zum Altertum zurück, besonders zum griechischen, dem
er sich so nahe fühlte. In seinen theoretischen Schriften schreibt er
später über das von Winckelmann begeisterte Ideal der Kunst,
das sowohl sein eigenes als auch die Werke Schillers, Lessings,
Hölderlins prägte: *»Indem der Mensch auf den Gipfel der Natur*
gestellt ist, so sieht er sich wieder als eine ganze Natur an, die
in sich abermals einen Gipfel hervorzubringen hat. Dazu steigert
er sich, indem er sich mit allen Vollkommenheiten und Tugenden
durchdringt, Wahl, Ordnung, Harmonie und Bedeutung aufruft
und sich endlich bis zur Produktion des Kunstwerkes erhebt,

das neben seinen übrigen Taten und Werken einen glänzenden Platz einnimmt. Ist es einmal hervorgebracht, steht es in seiner idealen Wirklichkeit vor der Welt, so bringt es eine dauernde Wirkung, es bringt die höchste hervor: denn indem es aus den gesamten Kräften sich geistig entwickelt, so nimmt es alles Herrliche, Verehrungs- und Liebenswürdige in sich auf und erhebt, indem es die menschliche Gestalt beseelt, den Menschen über sich selbst, schließt seinen Lebens- und Tatenkreis ab und vergöttert ihn für die Gegenwart, in der das Vergangene und Künftige begriffen ist. Von solchen Gefühlen wurden die ergriffen, die den Olympischen Jupiter erblickten, wie wir aus den Beschreibungen, Nachrichten und Zeugnissen der Alten uns entwickeln können. Der Gott war zum Menschen geworden, um den Menschen zum Gott zu erheben.«[9]

In Straßburg, wo Goethe im April 1770 nach anderthalb Jahren Pause sein wegen Blutsturz und Lungenaffektion abgebrochenes Jurastudium wieder aufnimmt, trägt die Oesersche Schulung Früchte. Kaum begonnen, sollten die trockenen Studien nicht ganz unwillkommen »*abermals bedeutend gestört werden: denn eine merkwürdige Staatsbegebenheit setzte alles in Bewegung und verschaffte uns eine ziemliche Reihe Feiertage. Marie Antoinette, Erzherzogin von Österreich, Königin von Frankreich, sollte auf ihrem Wege nach Paris über Straßburg gehen. Die Feierlichkeiten, durch welche das Volk aufmerksam gemacht wird, dass es Große in der Welt gibt, wurden emsig und häufig vorbereitet, und mir besonders war dabei das Gebäude merkwürdig, das zu ihrem Empfang und zur Übergabe in die Hände der Abgesandten ihres Gemahls auf einer Rheininsel zwischen den beiden Brücken aufgerichtet stand. Es war nur wenig über den Boden erhoben, hatte in der Mitte einen großen Saal, an beiden Seiten kleinere, dann folgten andere Zimmer, die sich noch etwas hinterwärts erstreckten; genug, es hätte, dauerhafter gebaut, gar wohl für ein Lusthaus hoher Personen gelten können. Was mich aber daran besonders interessierte, und weswegen ich manches Büsel (ein kleines damals kurrentes Silberstück) nicht schonte, um mir von dem Pförtner einen wiederholten Eintritt zu verschaffen, waren die gewirkten Tapeten, mit denen man das Ganze inwendig ausgeschlagen hatte. Hier sah ich zum erstenmal ein Exemplar jener nach Raffaels Kartonen gewirkten Teppiche, und dieser Anblick war für mich von ganz entschiedener Wirkung, indem ich das Rechte und Vollkommene, obgleich nur nachgebildet, in Masse kennen lernte. Ich ging und kam und kam und ging, und konnte mich nicht satt sehen; ja ein vergebliches Streben quälte mich, weil ich das, was mich so außerordentlich ansprach, auch gern begriffen hätte. Höchst erfreulich und erquicklich fand ich diese Nebensäle, desto schrecklicher aber den Hauptsaal. Diesen hatte man mit viel größern, glänzendern, reichern und von gedrängten Zieraten umgebenen Hautelissen behängt, die nach Gemälden neuerer Franzosen gewirkt waren.*

Nun hätte ich mich wohl auch mit dieser Manier befreundet, weil meine Empfindung wie mein Urteil nicht leicht etwas völlig ausschloss; aber äußerst empörte mich der Gegenstand. Diese Bilder enthielten die Geschichte von Iason, Medea und Kreusa, und also ein Beispiel der unglücklichsten Heirat. Zur Linken des Throns sah man die mit dem grausamsten Tode ringende Braut, umgeben von jammervollen Teilnehmenden; zur Rechten entsetzte sich der Vater über die ermordeten Kinder zu seinen Füßen; während die Furie auf dem Drachenwagen in die Luft zog. Und damit ja dem Grausamen und Abscheulichen nicht auch ein Abgeschmacktes fehle, so ringelte sich, hinter dem roten Samt des goldgestickten Thronrückens, rechter Hand der weiße Schweif jenes Zauberstiers hervor, inzwischen die feuerspeiende Bestie selbst und der sie bekämpfende Iason von jener kostbaren Draperie gänzlich bedeckt waren.

Hier nun wurden alle Maximen, welche ich in Oesers Schule mir zu eigen gemacht, in meinem Busen rege. Dass man Christum und die Apostel in die Seitensäle eines Hochzeitgebäudes gebracht, war schon ohne Wahl und Einsicht geschehen, und ohne Zweifel hatte das Maß der Zimmer den königlichen Teppichverwahrer geleitet; allein das verzieh ich gern, weil es mir zu so großem Vorteil gereichte: nun aber ein Missgriff wie der im großen Saale brachte mich ganz aus der Fassung, und ich forderte, lebhaft und heftig, meine Gefährten zu Zeugen auf eines solchen Verbrechens gegen Geschmack und Gefühl. – ›Was!‹ rief ich aus, ohne mich um die Umstehenden zu bekümmern; ›ist es erlaubt, einer jungen Königin das Beispiel der grässlichsten Hochzeit, die vielleicht jemals vollzogen worden, bei dem ersten Schritt in ihr Land so unbesonnen vors Auge zu bringen! Gibt es denn unter den französischen Architekten, Dekorateuren, Tapezierern gar keinen Menschen, der begreift, dass Bilder etwas vorstellen, dass Bilder auf Sinn und Gefühl wirken, dass sie Eindrücke machen, dass sie Ahndungen erregen! Ist es doch nicht anders, als hätte man dieser schönen und, wie man hört, lebenslustigen Dame das abscheulichste Gespenst bis an die Grenze entgegengeschickt.‹ Ich weiß nicht, was ich noch alles weiter sagte, genug, meine Gefährten suchten mich zu beschwichtigen und aus dem Hause zu schaffen, damit es nicht Verdruss setzen möchte. Alsdann versicherten sie mir, es wäre nicht jedermanns Sache, Bedeutung in den Bildern zu suchen; ihnen wenigstens wäre nichts dabei eingefallen, und auf dergleichen Grillen würde die ganze Population Straßburgs und der Gegend, wie sie auch herbeiströmen sollte, so wenig als die Königin selbst mit ihrem Hofe jemals geraten.

Der schönen und vornehmen, so heitren als imposanten Miene dieser jungen Dame erinnere ich mich noch recht wohl. Sie

33

Die Ankunft Marie-Antoinettes am 7. Mai 1770 in Straßburg. Der Brautzug der erst 14-Jährigen bestand aus 235 Personen, insgesamt 57 meist sechsspännigen Wagen und 350 Zug- und Reitpferden. Zeitgenössischer Stich.

schien in ihrem Glaswagen, uns allen vollkommen sichtbar, mit ihren Begleiterinnen in vertraulicher Unterhaltung über die Menge, die ihrem Zug entgegenströmte, zu scherzen. ... Die Königin verfolgte ihren Weg; das Landvolk verlief sich, und die Stadt war bald ruhig wie vorher. ... Kaum erscholl aus der Hauptstadt die Nachricht von der glücklichen Ankunft der Königin, als eine Schreckenspost ihr folgte: bei dem festlichen Feuerwerke sei, durch ein Polizeiversehen, in einer von Baumaterialien versperrten Straße eine Unzahl Menschen mit Pferden und Wagen zu Grunde gegangen, und die Stadt bei diesen Hochzeitfeierlichkeiten in Trauer und Leid versetzt worden. ... Dass mir lebhaft bei dieser Gelegenheit jene grässlichen Bilder des Hauptsaales wieder vor die Seele traten, brauche ich kaum zu erwähnen: denn jedem ist bekannt, wie mächtig gewisse sittliche Eindrücke sind, wenn sie sich an sinnlichen gleichsam verkörpern.«[10]

Von deutscher Baukunst
am Straßburger Münster

Goethe war der Meinung, »dass der Einzelne nur froh und glücklich sein kann, wenn er den Mut hat, sich im Ganzen zu fühlen.«[11] Jener Betrachtung sah er die Neigung entspringen, die ihn zu alten geschichtsträchtigen Bauwerken hinzog. Obwohl ihm die Höhe manchen Schwindel bescherte, das Straßburger Münster übte von Anfang an eine enorme Anziehungskraft aus.

»Mit welcher unerwarteten Empfindung überraschte mich der Anblick, als ich davortrat. Ein ganzer, großer Eindruck füllte meine Seele, den, weil er aus tausend harmonierenden Einzelheiten bestand, ich wohl schmecken und genießen, keineswegs aber erkennen und erklären konnte. Sie sagen, dass es also mit den Freuden des Himmels sei, und wie oft bin ich zurückgekehrt, diese himmlisch-irdische Freude zu genießen, den Riesengeist unsrer ältern Brüder in ihren Werken zu umfassen. Wie oft bin ich zurückgekehrt, von allen Seiten, aus allen Entfernungen, in jedem Lichte des Tags zu schauen seine Würde und Herrlichkeit. Schwer ist's dem Menschengeist, wenn seines Bruders Werk so hoch erhaben ist, dass er nur beugen und anbeten muss. Wie oft hat die Abenddämmerung mein durch forschendes Schauen ermattetes Aug mit freundlicher Ruhe geletzt, wenn durch sie die unzähligen Teile zu ganzen Massen schmolzen und nun diese, einfach und groß, vor meiner Seele standen und meine Kraft sich wonnevoll entfaltete, zugleich zu genießen und zu erkennen. Da offenbarte sich mir in leisen Ahndungen der Genius des großen Werkmeisters. Was staunst du? lispelt' er mir entgegen. Alle diese Massen waren notwendig, und siehst du sie nicht an allen ältern Kirchen meiner Stadt? Nur ihre willkürliche Größen hab ich zum stimmenden

Verhältnis erhoben. Wie über dem Haupteingang, der zwei kleine-
re zu 'n Seiten beherrscht, sich der weite Kreis des Fensters
öffnet, der dem Schiffe der Kirche antwortet und sonst nur
Tageloch war, wie hoch drüber der Glockenplatz die kleineren
Fenster forderte! das all war notwendig, und ich bildete es schön.
Aber ach, wenn ich durch die düstern erhabnen Öffnungen hier
zur Seite schwebe, die leer und vergebens dazustehn scheinen.
In ihre kühne, schlanke Gestalt hab ich die geheimnisvollen
Kräfte verborgen, die jene beiden Türme hoch in die Luft heben
sollten, deren, ach, nur einer traurig dasteht, ohne den fünf-
getürmten Hauptschmuck, den ich ihm bestimmte, dass ihm und
seinem königlichen Bruder die Provinzen umher huldigten. –
Und so schied er von mir, und ich versank in teilnehmende
Traurigkeit. Bis die Vögel des Morgens, die in seinen tausend
Öffnungen wohnen, der Sonne entgegenjauchzten und mich aus
dem Schlummer weckten. Wie frisch leuchtet' er im Morgen-
duftglanz mir entgegen, wie froh konnt ich ihm meine Arme
entgegen strecken, schauen die großen harmonischen Massen,
zu unzählig kleinen Teilen belebt: wie in Werken der ewigen
Natur, bis aufs geringste Zäserchen, alles Gestalt und alles
zweckend zum Ganzen; wie das festgegründete ungeheure
Gebäude sich leicht in die Luft hebt; wie durchbrochen alles
und doch für die Ewigkeit. Deinem Unterricht dank ich's,
Genius, dass mir's nicht mehr schwindelt an deinen Tiefen, dass
in meine Seele ein Tropfen sich senkt der Wonneruh des Geistes,
der auf solch eine Schöpfung herabschauen und gottgleich
sprechen kann: Es ist gut!«[12]

Mit jenem berühmten Aufsatz »Von deutscher Baukunst«
(1772) sollte Goethe nicht nur dem großen Baumeister Erwin
von Steinbach sein persönliches Denkmal setzen, sondern auch
dem durch ihn verkörperten Ideal des Genies, dessen Kunst stets
unmittelbar der ureigenen Schöpferkraft entströmt. *»Diese cha-*

Frontispiz »Von deutscher Baukunst«, 1773.

rakteristische Kunst ist nun die einzige wahre. Wenn sie aus
inniger, einiger, eigner, selbständiger Empfindung um sich wirkt,
unbekümmert, ja unwissend alles Fremden, da mag sie aus rauher
Wildheit oder aus gebildeter Empfindsamkeit geboren werden,
sie ist ganz und lebendig. Da seht ihr bei Nationen und einzelnen Menschen dann unzählige Grade. Je mehr sich die Seele
erhebt zu dem Gefühl der Verhältnisse, die allein schön und von
Ewigkeit sind, deren Hauptakkorde man beweisen, deren
Geheimnisse man nur fühlen kann, in denen sich allein das
Leben des gottgleichen Genius in seligen Melodien herum-
wälzt; je mehr diese Schönheit in das Wesen eines Geistes
eindringt, dass sie mit ihm entstanden zu sein scheint, dass ihm
nichts genugtut als sie, dass er nichts aus sich wirkt als sie, desto
glücklicher ist der Künstler, desto herrlicher ist er, desto tief-
gebeugter stehen wir da und beten an den Gesalbten Gottes.«[13]

37

Goethes Brief an Auguste Gräfin zu Stolberg mit einer Federzeichnung seines Frankfurter Arbeitszimmers. 1775. Das Wechselbad seiner Gefühle bescherte ihm hier die Impulse zu seinen wichtigsten Sturm- und Drang-Werken.

3.

Vom Sturm und Drang

Wen du nicht verlässest, Genius,
Wirst im Schneegestöber
Wärmumhüllen;
Nach der Wärme ziehn sich Musen,
Nach der Wärme Charitinnen.

Aus »Wandrers Sturmlied«, um 1772[1]

Bildungsreisen
Talente und Neigungen nähren

An Goethes Begeisterung für das hochgotische Münster war Herder nicht ganz unschuldig. In Straßburg hatte er den fünf Jahre älteren, der hier die erste historische Sprachtheorie vollendete, Anfang Oktober 1770 kennengelernt. Goethe fühlte sich von der Persönlichkeit Herders angezogen, bewunderte seine umfangreichen Kenntnisse und tiefen Einsichten. Dabei war ihre Beziehung durchaus gespannt; Goethe musste sich einiges an Kritik gefallen lassen, wusste aber auch viele Anregungen und Erkenntnisse über Sprache und Literatur zu schätzen.[2] Herder war es auch, der Goethe zum Sammeln von Volkspoesie anregte. Oft war Goethe ins damals noch dörfliche Elsass geritten, um Lieder »aus den Kehlen der ältesten Mütterchen aufzuhaschen.« Zurück zum Gefühlvollen, Einfachen, Wahrhaftigen hieß die Devise nach der vom Verstand dominierten Aufklärung.

Auch nach dem Studium fanden sich immer wieder Gelegenheiten zu inspirierenden Bildungsreisen. Das Juristische betrieb der frischgebackene Advokat eher nebenher, »indem ich nun alles, was von Talent, Liebhaberei oder sonst irgendeiner Neigung in mir leben mochte, auszubilden, zu nähren und zu unterhalten suchte.«[3] In Darmstadt begegnet er dem Redakteur und Herausgeber Johann Heinrich Merck, der ihn in dortige Kreise einführt. Herders spätere Ehefrau Maria Karoline Flachsland, ebenfalls Darmstädterin, berichtet ihrem Verlobten im April 72: »Unser Freund Goethe ist zu Fuß von Frankfurt gekommen und hat Merck besucht. Wir waren alle Tage beisammen und sind in den Wald zusammengegangen und wurden auch zusammen durch und durch beregnet. Wir liefen alle unter einen Baum und Goethe sang uns ein Liedchen, das Sie aus dem Shakespear über-

setzt, ›Wohl unter grünen Laubes Dach‹, und wir alle sangen den letzten Vers mit: ›Nur eins, das heißt auch Wetter.‹ Das zusammen ausgestandene Leiden hat uns recht vertraut gemacht. Er hat uns einige der besten Szenen aus seinem ›Gottfried von Berlichingen‹, das Sie vielleicht von ihm haben, vorgelesen ... Goethe steckt voll Lieder. Eins von einer Hütte, die in Ruinen alter Tempel gebaut, ist vortrefflich; er muss mir's geben, wenn er wiederkommt, und teil ich's Ihnen, lieber bester Herder, mit.«[4]

In »Dichtung und Wahrheit« berichtet Goethe seinerseits von einem Ausflug mit Merck. »*Ich fuhr mit ihm und den Seinigen auf einer nach Mainz rückkehrenden Jacht den Rhein aufwärts, und obschon dieses an sich sehr langsam ging, so ersuchten wir noch überdies den Schiffer, sich ja nicht zu übereilen. So genossen wir mit Muße der unendlich mannigfaltigen Gegenstände, die, bei dem herrlichsten Wetter, jede Stunde an Schönheit zuzunehmen und sowohl an Größe als an Gefälligkeit immer neu zu wechseln scheinen; und ich wünsche nur, indem ich die Namen Rheinfels und St. Goar, Bacharach, Bingen, Elfeld und Biebrich ausspreche, dass jeder meiner Leser im Stande sei, sich diese Gegenden in der Erinnerung hervorzurufen.*

Wir hatten fleißig gezeichnet, und uns wenigstens dadurch die tausendfältige Abwechselung jenes herrlichen Ufers fester eingedruckt; aber auch unser Verhältnis verinnigte sich durch dieses längere Zusammensein, durch die vertrauliche Mitteilung über so mancherlei Dinge, dergestalt, dass Merck einen großen Einfluss über mich gewann, und ich ihm als ein guter Gesell zu einem behaglichen Dasein unentbehrlich ward. Mein durch die Natur geschärfter Blick warf sich wieder auf die Kunstbeschauung, wozu mir die schönen Frankfurter Sammlungen an Gemälden und Kupferstichen die beste Gelegenheit gaben ... Die Natur in der Kunst zu sehen, ward bei mir zu einer Leidenschaft, die in ihren höchsten Augenblicken andern, selbst passionierten

Liebhabern, fast wie Wahnsinn erscheinen musste; und wie konnte eine solche Neigung besser gehegt werden, als durch eine fortdauernde Betrachtung der trefflichen Werke der Niederländer.«[5]

In seiner Tapetenfabrik räumte ihm Johann Nothnagel, der schon für Goethes Eltern und den einquartierten Grafen de Thoranc Aufträge ausführt hatte *»ein Kabinett ein, wo ich alles fand, was zur Ölmalerei nötig war, und ich malte einige einfache Stilleben nach dem Wirklichen, auf deren einem ein Messerstiel von Schildpatt, mit Silber eingelegt, meinen Meister, der mich erst vor einer Stunde besucht hatte, dergestalt überraschte, dass er behauptete, es müsse während der Zeit einer von seinen untergeordneten Künstlern bei mir gewesen sein.*

Hätte ich geduldig fortgefahren, mich an solchen Gegenständen zu üben, ihnen Licht und Schatten und die Eigenheiten ihrer Oberfläche abzugewinnen, ich hätte mir eine gewisse Praxis bilden und zum Höheren den Weg bahnen können; so aber verfolgte mich der Fehler aller Dilettanten, mit dem Schwersten anzufangen, ja sogar das Unmögliche leisten zu wollen, und ich verwickelte mich bald in größere Unternehmungen, in denen ich stecken blieb, sowohl weil sie weit über meine technischen Fähigkeiten hinauslagen, als weil ich die liebevolle Aufmerksamkeit und den gelassenen Fleiß, durch den auch schon der Anfänger etwas leistet, nicht immer rein und wirksam erhalten konnte.«[6]

Dilettant kommt von *dilettare*, begeistern, erfreuen, liebhaben. Goethes Dilettantismus gründet in der enthusiastischen Verehrung antiker Bildhauerkunst. Von Oeser angeregt hatte der Zwanzigjährige 1769 im Jahr der Eröffnung den Mannheimer Antikensaal besucht. Die Eindrücke der imposanten Skulpturen, Inbegriff von urbildlichem Ideal und Vollkommenheit, haben den Dichter ein Leben lang nicht mehr losgelassen und mitunter

Die Laokoon-Gruppe, eine der berühmtesten Skulpturen des griechischen Altertums im Mannheimer Antikensaal. Schon in der Historia Naturalis des Plinius findet sich höchstes Lob für die Darstellung des Apollonpriesters und seiner Söhne im Kampf mit der Schlange. Winckelmann erkennt in dem Meisterstück »eine edle Einfalt und eine stille Größe«, für Goethe erfüllt die Skulptur »alle Erfordernisse eines hohen Kunstwerks«.

eine große Sammlerleidenschaft entfacht. »*Auch wurde ich zu gleicher Zeit abermals in eine höhere Sphäre gerissen, indem ich einige schöne Gipsabgüsse antiker Köpfe anzuschaffen Gelegenheit fand. Die Italiener nämlich, welche die Messen beziehn, brachten manchmal dergleichen gute Exemplare mit, und verkauften sie auch wohl, nachdem sie eine Form darüber genommen. Auf diesem Wege stellte ich mir ein kleines Museum auf, indem ich die Köpfe des Laokoon, seiner Söhne, der Niobe Töchter allmählich zusammenbrachte, nicht weniger die Nachbildungen der bedeutendsten Werke des Altertums im kleinen aus der Verlassenschaft eines Kunstfreundes ankaufte, und so mir jenen großen Eindruck, den ich in Mannheim gewonnen hatte, möglichst wieder zu beleben suchte.*«[7]

43

Vom Genius beflügelt

Zu jener Zeit griff Goethe ebenso oft zur Kreide wie zur Feder. Zeichnen und Dichten gingen fließend ineinander über. *»Ich zeichnete die Porträte meiner Freunde im Profil auf grau Papier mit weißer und schwarzer Kreide. Wenn ich diktierte oder mir vorlesen ließ, entwarf ich die Stellungen der Schreibenden und Lesenden, mit ihrer Umgebung; die Ähnlichkeit war nicht zu verkennen, und die Blätter wurden gut aufgenommen. Diesen Vorteil haben Dilettanten immer, weil sie ihre Arbeit umsonst geben. Das Unzulängliche dieses Abbildens jedoch fühlend, griff ich wieder zu Sprache und Rhythmus, die mir besser zu Gebote standen. Wie munter, froh und rasch ich dabei zu Werke ging, davon zeugen manche Gedichte, welche, die Kunstnatur und die Naturkunst enthusiastisch verkündend, im Augenblicke des Entstehens sowohl mir als meinen Freunden immer neuen Mut beförderten.«*[8] Hier mag Goethe an seine zwischen 1772 und 1774 entstandenen Künstler-und Wanderlieder gedacht haben. Insbesondere in *Wandrers Sturmlied* griff Goethe Ideen Herders auf, um Gedanken und Gefühle in einem Moment der Begeisterung in einer unmittelbar wirkenden Sprache auszusprechen, eine Offenheit und Direktheit, die so typisch für den »Sturm und Drang« werden sollte. Gleichzeitig ist das Lied die leidenschaftliche Anrufung des Genius: *»Den du nicht verlässest, Genius/ Wirst ihn heben übern Schlammpfad/ Mit den Feuerflügeln; [...] Weh! Weh! Innre Wärme, Seelenwärme, Mittelpunkt!«*[9]

In seinen Lebenserinnerungen schreibt Goethe über die Entstehungszeit des Gedichts: *»Ich gewöhnte mich, auf der Straße zu leben, und wie ein Bote zwischen dem Gebirg und dem flachen Lande hin und her zu wandern. Oft ging ich allein oder in Gesellschaft durch meine Vaterstadt, als wenn sie mich nichts* *anginge, speiste in einem der großen Gasthöfe in der Fahrgasse und zog nach Tische meines Wegs weiter fort. Mehr als jemals war ich gegen offene Welt und freie Natur gerichtet. Unterwegs sang ich mir seltsame Hymnen und Dithyramben ... «[10]* Der englische Dichter Edward Young sagte: Das Genie ist Gott in uns. Und so muss Goethe die innere Inspirationsquelle empfunden haben. Das ihm innewohnende dichterische Talent hatte er begonnen, ganz als Natur zu betrachten, *»um so mehr, als ich darauf gewiesen war, die äußere Natur als den Gegenstand desselben anzusehen. Die Ausübung dieser Dichtergabe konnte zwar durch Veranlassung erregt und bestimmt werden; aber am freudigsten und reichlichsten trat sie unwillkürlich, ja wider Willen hervor. ... Auch beim nächtlichen Erwachen trat derselbe Fall ein, und ich hatte oft Lust, wie einer meiner Vorgänger, mir ein ledernes Wams machen zu lassen, und mich zu gewöhnen, im Finstern, durchs Gefühl, das, was unvermutet hervorbrach, zu fixieren. Ich war so gewohnt, mir ein Liedchen vorzusagen, ohne es wieder zusammen finden zu können, dass ich einigemal an den Pult rannte und mir nicht die Zeit nahm, einen quer liegenden Bogen zurecht zu rücken, sondern das Gedicht von Anfang bis zu Ende, ohne mich von der Stelle zu rühren, in der Diagonale herunterschrieb. In eben diesem Sinne griff ich weit lieber zu dem Bleistift, welcher williger die Züge hergab: denn es war mir einigemal begegnet, dass das Schnarren und Spritzen der Feder mich aus meinem nachtwandlerischen Dichten aufweckte, mich zerstreute und ein kleines Produkt in der Geburt erstickte. Für solche Poesien hatte ich eine besondere Ehrfurcht, weil ich mich doch ohngefähr gegen dieselben verhielt, wie die Henne gegen die Küchlein, die sie ausgebrütet um sich her piepsen sieht. Meine frühere Lust, diese Dinge nur durch Vorlesungen mitzuteilen, erneute sich wieder, sie aber gegen Geld umzutauschen schien mir abscheulich.«[11]*

Mehr als einmal trunken

Sensibilität und Kreativität gehen Hand in Hand. Dass Gefahr drohte, sich im Überschuss seiner Anlagen zu verlieren, wusste Goethe gut. *»Glückliche Kinder und Jünglinge wandeln in einer Art von Trunkenheit ... Sie sehen die Welt als einen Stoff an, den sie bilden, als einen Vorrat, dessen sie sich bemächtigen sollen. Alles gehört ihnen an, ihrem Willen scheint alles durchdringlich; gar oft verlieren sie sich deshalb in einem wilden wüsten Wesen. Bei den Bessern jedoch entfaltet sich diese Richtung zu einem sittlichen Enthusiasmus, der sich nach Gelegenheit zu irgend einem wirklichen oder scheinbaren Guten aus eignem Triebe hinbewegt, sich aber auch öfters leiten, führen und verführen lässt.«*[12]

Goethes wild-wüste Trunkenheit zeigt sich in impulsiven Berg- und Talfahrten zwischen leidenschaftlicher Verliebtheit und abgrundtiefem Liebeskummer. Doch erkennt er früh, wie sehr ihm die Dichtkunst Seelenbalsam sein kann. In jenen stürmischen Jahren entstehen seine beiden ersten bedeutenden Werke: *Götz von Berlichingen* und *Die Leiden des jungen Werthers*.

Ende 1771 schreibt Goethe in ganzen sechs Wochen die Urfassung des Götz. Dem spontanen Impuls, der mit allen Regeln gewohnter Dramatik bricht, ging freilich eine intensive Vorarbeit voraus. *»Durch die fortdauernde Teilnahme an Shakespeares Werken hatte ich mir den Geist so ausgeweitet, dass mir der enge Bühnenraum und die kurze einer Vorstellung zugemessene Zeit keineswegs hinlänglich schienen, um etwas Bedeutendes vorzutragen. Das Leben des biedern Götz von Berlichingen, von ihm selbst geschrieben, trieb mich in die historische Behandlungsart, und meine Einbildungskraft dehnte sich dergestalt aus, dass auch meine dramatische Form alle Theatergrenzen über-*

*schritt, und sich den lebendigen Ereignissen mehr und mehr zu
nähern suchte. Ich hatte mich davon, so wie ich vorwärts ging,
mit meiner Schwester umständlich unterhalten, die an solchen
Dingen mit Geist und Gemüt teilnahm, und ich erneuerte diese
Unterhaltung so oft, ohne nur irgend zum Werke zu schreiten,
dass sie zuletzt ungeduldig und wohlwollend dringend bat, mich
nur nicht immer mit Worten in die Luft zu ergehn, sondern
endlich einmal das, was mir so gegenwärtig wäre, auf das
Papier festzubringen. Durch diesen Antrieb bestimmt, fing ich
eines Morgens zu schreiben an, ohne dass ich einen Entwurf
oder Plan vorher aufgesetzt hätte. Ich schrieb die ersten Szenen,
und abends wurden sie Cornelien vorgelesen. Sie schenkte ihnen
vielen Beifall, jedoch nur bedingt, indem sie zweifelte, dass ich
so fortfahren würde, ja sie äußerte sogar einen entschiedenen
Unglauben an meine Beharrlichkeit. Dieses reizte mich nur um
so mehr, ich fuhr den nächsten Tag fort, und so den dritten; die
Hoffnung wuchs bei den täglichen Mitteilungen, auch mir ward
alles von Schritt zu Schritt lebendiger, indem mir ohnehin der
Stoff durchaus eigen geworden; und so hielt ich mich ununter-
brochen ans Werk, das ich geradeswegs verfolgte, ohne weder
rückwärts, noch rechts, noch links zu sehn, und in etwa sechs
Wochen hatte ich das Vergnügen, das Manuskript geheftet zu
erblicken.«[13]*

Seitens Merck fand das Werk Zuspruch, Herder dagegen ging
dieser Aufstand gegen die Konvention, wo sich der Verfasser
ganz seiner Einbildungskraft und einem inneren Trieb überlassen hatte, entschieden zu weit. Goethe bemühte sich daraufhin,
das ausufernde Drama in geregeltere Bahnen zu lenken. Mit
einigem Abstand war ihm selbst aufgefallen, dass er »bei dem
Versuch, auf die Einheit der Zeit und des Orts Verzicht zu tun«,
auch die umso wichtigere höhere Einheit eingebüßt hatte. Innerhalb kürzester Zeit schrieb er das Werk in aller Unbefangenheit

um. »*Ich ging damit um so rascher zu Werke, je weniger ich die Absicht hatte, diese zweite Bearbeitung jemals drucken zu lassen, sondern sie gleichfalls nur als Vorübung ansah, die ich künftig, bei einer mit mehrerem Fleiß und Überlegung anzustellenden neuen Behandlung, abermals zum Grunde legen wollte.*«[14] Aber auch in der Druckfassung, die 1773 als anonymer Privatdruck erschien, wurde das Stück vom zeitgenössischen Publikum als literarische Revolution empfunden. Besonders die bald durch die Parole des *Sturm und Drang* zusammengehaltene junge literarische Generation fand in *Götz von Berlichingen* eine neue Ästhetik des Dramas verwirklicht.[15]

Bisweilen wurde das Schreiben geradezu überlebenswichtig. Werthers Leiden war Eigentherapie. Im Vertraulichen des Briefromans fand Goethe die Form, Unruhe und Wahnsinn einer aussichtslosen Liebe abermals zu durchleben. Eigenes und Fremdes wird zur Fiktion verwoben, um die unselige Geschichte endgültig abzuschließen. In *Dichtung und Wahrheit* bekennt Goethe den Rettungscharakter des Werks: »*Ich hatte mich durch diese Komposition, mehr als durch jede andere, aus einem stürmischen Elemente gerettet ... Ich fühlte mich, wie nach einer Generalbeichte, wieder froh und frei, und zu einem neuen Leben berechtigt. Das alte Hausmittel war mir diesmal vortrefflich zustatten gekommen.*«[16]

Goethes Stoffe leben vom lebendigen Miteinander, von Beziehung, Emotion, Austausch im Gespräch. Während der Arbeit am Werther aber hatte er sich äußerlich völlig isoliert, sich Besuche seiner Freunde verbeten. Um den Wertherischen Briefen Wahrheit zu verleihen aber bedurfte es eines Gegenübers, so bediente er sich des Kunstkniffs bildhafter Imagination. »*Er pflegte nämlich, wenn er sich allein sah, irgend eine Person seiner Bekanntschaft im Geiste zu sich zu rufen. Er bat*

sie, nieder zu sitzen, ging an ihr auf und ab, blieb vor ihr stehen,
und verhandelte mit ihr den Gegenstand, der ihm eben im Sinne
lag. Hierauf antwortete sie gelegentlich, oder gab durch die
gewöhnliche Mimik ihr Zu- oder Abstimmen zu erkennen; wie
denn jeder Mensch hierin etwas Eignes hat. Sodann fuhr der
Sprechende fort, dasjenige, was dem Gaste zu gefallen schien,
weiter auszuführen oder, was derselbe mißbilligte, zu bedingen,
näher zu bestimmen, und gab auch wohl zuletzt seine These
gefällig auf. Das Wunderlichste war dabei, dass er niemals
Personen seiner näheren Bekanntschaft wählte, sondern solche,
die er nur selten sah, ja mehrere, die weit in der Welt entfernt
lebten, und mit denen er nur in einem vorübergehenden Verhält-
nis gestanden; aber es waren meist Personen, die, mehr
empfänglicher als ausgebender Natur, mit reinem Sinne einen
ruhigen Anteil an Dingen zu nehmen bereit sind, die in ihrem
Gesichtskreise liegen, ob er sich gleich manchmal zu diesen dia-
lektischen Übungen widersprechende Geister herbeirief. Hiezu
bequemten sich nun Personen beiderlei Geschlechts, jedes
Alters und Standes, und erwiesen sich gefällig und anmutig, da
man sich nur von Gegenständen unterhielt, die ihnen deutlich
und lieb waren. Höchst wunderbar würde es jedoch manchen
vorgekommen sein, wenn sie hätten erfahren können, wie oft sie
zu dieser ideellen Unterhaltung berufen wurden, da sich manche
zu einer wirklichen wohl schwerlich eingefunden hätten.«[17]

Als der Roman erstmals im September 1774 zur Leipziger
Buchmesse erschien, brach ein regelrechtes Wertherfieber aus,
so sehr konnten sich junge Menschen mit dem Gelesenen
identifizieren. Die »*Wirkung dieses Büchleins*«, folgerte Goethe,
sei »*ungeheuer*« gewesen, »*weil es genau in die rechte Zeit traf.*
Denn wie es nur eines geringen Zündkrauts bedarf, um eine
gewaltige Mine zu entschleudern, so war auch die Explosion,
welche sich hierauf im Publikum ereignete, deshalb so mächtig,

Der leidende junge Werther machte seinen Schöpfer nicht nur über
Nacht über die Landesgrenzen hinaus berühmt, sondern ließ europa-
weit den blauen Frack mit gelber Weste und gelben Beinkleidern in
Mode kommen. »Lotte und Werther«. Stich nach S. Amand, um 1780.

weil die junge Welt sich schon selbst untergraben hatte, und die
Erschütterung deswegen so groß, weil ein jeder mit seinen
übertriebenen Forderungen, unbefriedigten Leidenschaften und
eingebildeten Leiden zum Ausbruch kam.«[18]

4.

Von den ersten
Weimarer Jahren

Wie von unsichtbaren Geistern gepeitscht,
gehen die Sonnenpferde der Zeit mit unsers
Schicksals leichtem Wagen durch, und uns
bleibt nichts als, mutig gefasst, die Zügel
festzuhalten ... Wohin es geht, wer weiß es?

Aus meinem Leben[1]

Der Wirkungskreis öffnet sich

Auch für Goethe persönlich traf sein Werther die rechte Zeit mit den rechten Kontakten. Der für sein künftiges Leben wohl wichtigste Tag war der als Karl Ludwig von Knebel, Übersetzer klassischer Werke und bestens mit der deutschen Literaturlandschaft vertraut, bei ihm vorsprach. »*Kaum hatten wir diese allgemein deutschen literarischen Gegenstände durchgesprochen, als ich zu meinem Vergnügen erfuhr, dass er gegenwärtig in Weimar angestellt und zwar dem Prinzen Konstantin zum Begleiter bestimmt sei. Von den dortigen Verhältnissen hatte ich schon manches Günstige vernommen: denn es kamen viele Fremde von daher zu uns, die Zeugen gewesen waren, wie die Herzogin Amalia zu Erziehung ihrer Prinzen die vorzüglichsten Männer berufen; wie die Akademie Jena durch ihre bedeutenden Lehrer zu diesem schönen Zweck gleichfalls das Ihrige beigetragen; wie die Künste nicht nur von gedachter Fürstin geschützt, sondern selbst von ihr gründlich und eifrig getrieben würden. Auch vernahm man, dass Wieland in vorzüglicher Gunst stehe; wie denn auch der ›Deutsche Merkur‹, der die Arbeiten so mancher auswärtigen Gelehrten versammelte, nicht wenig zu dem Rufe der Stadt beitrug, wo er herausgegeben wurde. Eins der besten deutschen Theater war dort eingerichtet, und berühmt durch Schauspieler sowohl als Autoren, die dafür arbeiteten. Diese schönen Anstalten und Anlagen schienen jedoch durch den schrecklichen Schlossbrand, der im Mai desselben Jahres sich ereignet hatte, gestört und mit einer langen Stockung bedroht; allein das Zutrauen auf den Erbprinzen war so groß, dass jedermann sich überzeugt hielt, dieser Schaden werde nicht allein bald ersetzt, sondern auch dessen ungeachtet jede andere Hoffnung reichlich erfüllt werden.*

Wie ich mich nun, gleichsam als ein alter Bekannter, nach diesen Personen und Gegenständen erkundigte und den Wunsch äußerte, mit den dortigen Verhältnissen näher bekannt zu sein; so versetzte der Ankömmling gar freundlich: es sei nichts leichter als dieses, denn soeben lange der Erbprinz mit seinem Herrn Bruder, dem Prinzen Konstantin, in Frankfurt an, welche mich zu sprechen und zu kennen wünschten. Ich zeigte sogleich die größte Bereitwilligkeit ihnen aufzuwarten, und der neue Freund versetzte, dass ich damit nicht säumen solle, weil der Aufenthalt nicht lange dauern werde.«[2]

Aus der kurzen Begegnung Goethes im Dezember 1774 mit dem 8 Jahre jüngeren Erbprinzen Karl August, die auf jugendlicher Ungezwungenheit und großer gegenseitiger Sympathie beruhte, sollte sich eine lebenslange Freundschaft entwickeln. Kaum ein Jahr später durfte sich Goethe selbst zu den vorzüglich Berufenen zählen. Im November 1775 erreichte er Weimar. Und wieder ein halbes Jahr später wurde er bereits zum Mitglied des dreiköpfigen Beratergremiums des Herzogs benannt. Ein weites Wirkungsfeld erwartete den Siebenundzwanzigjährigen, das für den vielseitig Interessierten durchaus seine Reize hatte. Die Dichtung rückte zwangsläufig in den Hintergrund. - Doch nie ließ er die Feder völlig ruhen. Am 14. Mai 1780 schreibt er an den Freund und Juristenkollegen Kestner: *»Meine Schriftstellerei subordiniert sich dem Leben, doch erlaub ich mir, nach dem Beispiel des großen Königs der täglich einige Stunden auf die Flöte wandte, auch manchmal eine Übung in dem Talente das mir eigen ist. Geschrieben liegt noch viel, fast noch einmal so viel als gedruckt, Pläne hab ich auch genug, zur Ausführung aber fehlt mir Sammlung und lange Weile.«[3]*

Es ist erstaunlich, dass trotz überquellendem Terminkalender und den mannigfaltigen Ablenkungen des geselligen Hofes neben Stücken fürs Liebhabertheater selbst Anspruchsvolleres

Corona Schröter, Mittelpunkt des Liebhabertheaters, als Iphigenie gemeinsam mit Goethe als ihr Bruder Orest auf der Bühne. Ölgemälde von Georg Melchior Kraus.

zustande kam. Der Ur-Meister wie die erste Prosafassung der Iphigenie auf Tauris fallen in diese Zeit, zudem legte er den Egmont und den Tasso an. Daneben entstanden immer wieder Gedichte. Allein die Briefe und ›Zettelgen‹ an Charlotte von Stein füllen Bände.

Charlotte von Stein

Die wichtigste, innigste und prägendste Beziehung während der ersten zehn Weimarer Jahre war die zu der verheirateten Hofdame Charlotte von Stein. Während jener Zeit hatte diese einen starken Einfluss auf Goethes Werk und Leben. Die Beziehung zu der sieben Jahre Älteren blieb platonisch, für den jungen Dichter Projektionsfläche der idealen Liebe. Wie sehr er sich ihr seelenverwandt fühlte, erzählt ein Brief an Christoph Martin Wieland von April 1776, in dem es heißt: *»Ich kann mir die Bedeutsamkeit – die Macht die diese Frau über mich hat, anders nicht erklären, als durch die Seelenwanderung. – Ja, wir waren einst Mann und Weib! – Nun wissen wir von uns, verhüllt, in Geisterduft.«*[4]

In jenem ersten Weimarer Frühling entstand das berühmte Briefgedicht an die Freundin, eine der schönsten Liebeserklärungen der deutschen Literatur.

An Charlotte von Stein

Warum gabst du uns die tiefen Blicke,
Unsre Zukunft ahndungsvoll zu schaun,
Unsrer Liebe, unserm Erdenglücke
Wähnend selig nimmer hinzutraun?
Warum gabst uns, Schicksal, die Gefühle,
Uns einander in das Herz zu sehn,
Um durch all die seltenen Gewühle
Unser wahr Verhältnis auszuspähn?

Ach, so viele tausend Menschen kennen,
Dumpf sich treibend, kaum ihr eigen Herz,
Schweben zwecklos hin und her und rennen
Hoffungslos in unversehnem Schmerz;

Jauchzen wieder, wenn der schnellen Freuden
Unerwart'te Morgenröte tagt.
Nur uns armen liebevollen beiden
Ist das wechselseit'ge Glück versagt,
Uns zu lieben, ohn uns zu verstehen,
In dem andern sehn, was er nie war,
Immer frisch auf Traumglück auszugehen
Und zu schwanken auch in Traumgefahr.

Glücklich, den ein leerer Traum beschäftigt!
Glücklich, dem die Ahndung eitel wär!
Jede Gegenwart und jeder Blick bekräftigt
Traum und Ahndung leider uns noch mehr.
Sag, was will das Schicksal uns bereiten?
Sag, wie band es uns so rein genau?
Ach, du warst in abgelebten Zeiten
Meine Schwester oder meine Frau.

Kanntest jeden Zug in meinem Wesen,
Spähtest, wie die reinste Nerve klingt,
Konntest mich mit einem Blicke lesen,
Den so schwer ein sterblich Aug durchdringt;
Tropftest Mäßigung dem heißen Blute,
Richtetest den wilden irren Lauf,
Und in deinen Engelsarmen ruhte
Die zerstörte Brust sich wieder auf;
Hieltest zauberleicht ihn angebunden
Und vergaukeltest ihm manchen Tag.
Welche Seligkeit glich jenen Wonnestunden,
Da er dankbar dir zu Füßen lag,
Fühlt' sein Herz an deinem Herzen schwellen,
Fühlte sich in deinem Auge gut,
Alle seine Sinnen sich erhellen

Mit der Silhouette fing alles an, als Goethe für Lavaters »Physiognomische Fragmente« im Juli 1775 beim Anblick von Charlotte von Stein notierte: »Festigkeit, Gefälligkeit, Behagen in sich selbst, liebevolle Gefälligkeit, Naivität und Güte, selbstfließende Rede, Wohlwollen, treubleibend ...«[5] Georg Melchior Kraus, 1775/76.

Und beruhigen sein brausend Blut!

Und von allem dem schwebt ein Erinnern
Nur noch um das ungewisse Herz,
Fühlt die alte Wahrheit ewig gleich im Innern,
Und der neue Zustand wird ihm Schmerz.
Und wir scheinen uns nur halb beseelet,
Dämmernd ist um uns der hellste Tag.
Glücklich, daß das Schicksal, das uns quälet,
Uns doch nicht verändern mag![6]

Stützerbacher Grund Ilmenau. Zeichnung Goethes für seine Lotte im August 1776.

Die Briefe, die ihr Goethe im Sommer des gleichen Jahres
während einer Reise mit dem Herzog aus dem Thüringer Wald
schrieb, sind bezeichnend für den inneren Dialog, den er
schreibend, zeichnend, dichtend ständig mit der Gefährtin führte.

*»Hunderttausendmal bist du um mich gewesen ich hab nur
für dich gezeichnet. Zwar wenig, aber mein Herz drinne.«[7] »Ich
hab heute den ganzen Tag für dich gezeichnet, nicht immer
glücklich, aber immer warm. Heut aber saß ich wieder hier auf
dem Schlossberg und hatte einen guten Augenblick. Wie er-
wünscht lag eben der Sonnenblick den Moment da ich aufstieg
im Tal wie ich ihn aufs Papier fesseln mögt. – Ich muss nur für
dich zeichnen, du tust das dazu, was ich nicht machen kann.«[8]
»Liebste Frau. Ich schick Ihnen die Stützerbacher Zeichnung
unvollendet, denn ich fürcht ich verderb sie. Gestern versuchte
mich ein böser Geist, dass ich in liebeleerem Augenblick drüber
kam, und um ein Haar war sie verpudelt, und ich wäre rasend
geworden. Auch haben Sie da noch ein ander Stück, das ich nur
in Ihrer Gegenwart auszeichnen kann. Legen Sie beides in eine
leere Comod Schublade, dass es sich linde von selbst aufrollt,
dass es nur keine Brüche kriegt.«[9]*

Was der Künstler nicht liebt,
soll er nicht schildern

Eine Reise im Auftrag des Herzogs hatte Goethe bereits im März 1776 nach Leipzig geführt. Hier, in der Stadt seiner ungestümen Studentenzeit, warb er nicht nur die große Sängerin und Schauspielerin Corona Schröter als Vokalistin für die Hofkapelle an, sondern kam erneut in Kontakt mit der Gedankenwelt des verehrten Lehrers Oeser. Noch im gleichen Jahr zeichnet Goethe in seinem Aufsatz über den französischen Bildhauer Étienne-Maurice Falconet das Wesen des Künstlers:

»Jeder Mensch hat mehrmal in seinem Leben die Gewalt dieser Zauberei gefühlt, die den Künstler allgegenwärtig fasst, dadurch ihm die Welt ringsumher belebt wird. Wer ist nicht einmal beim Eintritt in einen heiligen Wald von Schauer überfallen worden? Wen hat die umfangende Nacht nicht mit einem unheimlichen Grausen geschüttelt? Wem hat nicht in Gegenwart seines Mädchens die ganze Welt golden geschienen? Wer fühlte nicht an ihrem Arme Himmel und Erde in wonnevollsten Harmonien zusammenfließen?

Davon fühlt nun der Künstler nicht allein die Würkungen, er dringt bis in die Ursachen hinein, die sie hervorbringen. Die Welt liegt vor ihm wie vor ihrem Schöpfer, der in dem Augenblick, da er sich des Geschaffnen freut, auch alle die Harmonien genießt, durch die er sie hervorbrachte und in denen sie besteht. Drum glaubt nicht so schnell zu verstehen, was das heiße: Das Gefühl ist die Harmonie und vice versa.

Und das ist es, was immer durch die Seele des Künstlers webt, was in ihm nach und nach sich zum verstandensten Ausdrucke drängt, ohne durch die Erkenntniskraft durchgegangen zu sein. ... Was der Künstler nicht geliebt hat, nicht liebt, soll er nicht schildern, kann er nicht schildern. Ihr findet Rubensens Weiber zu fleischig! Ich sage euch, es waren seine Weiber, und hätt er Himmel und Hölle, Luft, Erd und Meer mit Idealen bevölkert, so wäre er ein schlechter Ehmann gewesen, und es wäre nie kräftiges Fleisch von seinem Fleisch und Bein von seinem Bein geworden. ... Wer allgemein sein will, wird nichts, die Einschränkung ist dem Künstler so notwendig als jedem, der aus sich was Bedeutendes bilden will.«[10]

Was immer die Star-Sängerin gegen Oeser einzuwenden gehabt haben mag: Am 26. März schreibt Goethe aus Leipzig an den Herzog: *»Ihr Pick wider Oesern thut mir iezo doppelt leid da ich wieder ganz den alten lieben guten Menschen, und wahrhaften Künstler wieder gefunden habe.«*[11]

Der bildenden Kunst treu zu bleiben, fiel in Weimar nicht schwer. Während Goethes erstem Jahr im Staatsdienst wurde auf gemeinsame Initiative des Gelehrten und herzoglichen Geheimsekretärs Friedrich Justin Bertuch und des Malers Georg Melchior Kraus von dem jungen Herzog Carl August die *Fürstliche freie Zeichenschule* gegründet. Zu den Unterrichtsfächern gehörten neben Zeichnen, Malen und Kupferstichkunde auch Baulehre, Mathematik und Altertumskunde. Um ein möglichst breites Publikum in diese Schulung des Geschmacks und des Schönheitssinnes einzubeziehen und an die Kunst heranzuführen, war die Einrichtung Schülern aller Altersstufen, Klassen und Stände beiderlei Geschlechts frei zugänglich. Sie war daher eine wichtige Stätte für die Entdeckung und Förderung von Talenten und zog zahlreiche Künstler in den Ort der Weimarer Klassik und an seinen «Musenhof«[12]

Reisen zum höheren Ich

Trotz allerlei guter Bildungsanstalten und der Universität Jena in bequemer Nähe, Weimar war damals fast noch ein Dorf. 6000 Einwohner zählte die Residenzstadt. Auf den nicht eben sauberen Straßen mussten die Herren und Damen des Hofes sich ihren Weg zwischen spielenden Kindern, landwirtschaftlichen Fuhrwerken, sich sonnenden Schweinen und geschäftigem Federvieh suchen.[13] Wenige Monate nach seinem Eintreffen in Weimar hatte Goethe das Gartenhaus an der Ilm bezogen, sein erster eigener Wohnsitz. An Merck schreibt er am 22. November 1776: *»Ich wohne noch im Garten und balge mich mit der Jahreszeit herum ... Der Herzog und ich kriegen uns täglich lieber, werden täglich ganzer zusammen, ihm wird's immer wohler und ist eben eine Kreatur, wie's keine wieder gibt.«*[14] Obwohl sich Goethe bei Hofe wie in einer Familie aufgenommen fühlte, bisweilen wenn die »Welthändel« überhand nahmen, wusste er es mit Unterstützung des Herzogs einzurichten, sich dem Trubel durch kürzere Reisen zu entziehen. Berühmt geworden ist das Gedicht *Harzreise im Winter*, das die Eindrücke dieser Reise vom 29. November bis zum 14. Dezember 1777 spiegelt. Goethe war zwar in dieser Welt, aber nicht von dieser Welt. Im inneren geistigen Leben erkannte er den Weg zur Vollendung des eigenen Wesens. Diese innere Höherentwicklung hoffte er auch im Herzog anzuregen. Die wertvollste Hilfe hierzu erhoffte er sich von einer längeren gemeinsamen Abwesenheit in Einsamkeit und Natur. So reifte im August 1779 der Plan zu einer ausgedehnten Reise in die Schweiz.

Am 24. September schreibt Goethe, während sie in Speyer auf die Rheinfähre warten, an Frau von Stein: *»Wir streichen wie ein stiller Bach immer weiter gelassen in die Welt hin, haben*

heute den schönsten Tag und bisher das erwünschte Glück. ...
Die Schweiz liegt vor uns, und wir hoffen mit Beistand des
Himmels in den großen Gestalten der Welt uns umzutreiben und
unsere Geister im Erhabnen der Natur zu baden.«[15]
Das Glück blieb ihnen die ganzen vier Monate hold. Die
Reise stand unter einem guten Stern. Einen der ersten Höhe-
punkte erwartete sie am 9. Oktober in Lauterbrunnen, wo der
sensitive Dichter angesichts des damals gewaltigen Staubbachs
Den Gesang der Geister über den Wassern vernahm.

Des Menschen Seele
Gleicht dem Wasser:
Vom Himmel kommt es,
Zum Himmel steigt es,
Und wieder nieder
Zur Erde muss es,
Ewig wechselnd.

Strömt von der hohen,
Steilen Felswand
Der reine Strahl,
Dann stäubt er lieblich
In Wolkenwellen
Zum glatten Fels,
Und leicht empfangen,
Wallt er verschleiernd,
Leisrauschend
Zur Tiefe nieder.

Ragen Klippen
Dem Sturz entgegen,
Schäumt er unmutig

Stufenweise
Zum Abgrund.

Im flachen Bette
Schleicht er das Wiesental hin,
Und in dem glatten See
Weiden ihr Antlitz
Alle Gestirne.

Wind ist der Welle
Lieblicher Buhler;
Wind mischt vom Grund aus
Schäumende Wogen.

Seele des Menschen,
Wie gleichst du dem Wasser!
Schicksal des Menschen,
Wie gleichst du dem Wind![16]

Das Gedicht schickte Goethe am 14. Oktober 1779 an Frau von Stein mit der Anmerkung. »*Von dem Gesange der Geister hab ich noch wundersame Strophen gehört, kann mich aber kaum beiliegender erinnern.*«[17]

Von Lauterbrunnen aus wird der Steinberg und der Tschingelgletscher besucht und am 11. Oktober führt der Weg über Zweilutchinen, Grindelwald, die Große Scheidegg, Unterseen nach Bern. Das nächste Ziel ist der Genfersee. Von Lausanne aus wendet sich die Reise dem Jura zu. Ein weiterer Höhepunkt, das Panorama vom Dent de Vaulion. Immer wieder ziehen die glänzenden Eisgebirge das Auge des Dichters an, und in den Naturbeschreibungen meint man schon die spätere Farbenlehre zu erkennen. »*Die Sonne wendete sich mehr gegen Abend und erleuchtete ihre größeren Flächen gegen uns zu. Schon was vom See auf für schwarze Felsrücken, Zähne, Türme und Mauern in vielfachen Reihen vor ihnen aufsteigen! wilde, ungeheure, undurchdringliche Vorhöfe bilden! wenn sie dann erst selbst in Reinheit und Klarheit in der freien Luft mannigfaltig daliegen; man gibt da gern jede Prätension ans Unendliche auf, da man nicht einmal mit dem Endlichen im Anschauen und Gedanken fertig werden kann. ... Auch näher am Tal waren unsre Augen nur auf die Eisgebirge gegenüber gerichtet. Die letzten, links im Oberland, schienen in einen leichten Feuerdampf aufzuschmelzen; die nächsten standen noch mit wohl bestimmten roten Seiten gegen uns, nach und nach wurden jene weiß, grün, graulich. Es sah fast ängstlich aus. Wie ein gewaltiger Körper von außen gegen das Herz zu abstirbt, so erblassten alle langsam gegen den Montblanc zu, dessen weiter Busen noch immer rot herüberglänzte und auch zuletzt uns noch einen rötlichen Schein zu behalten schien, wie man den Tod des Geliebten nicht gleich bekennen und den Augenblick, wo der Puls zu schlagen aufhört, nicht abschneiden will.«*[18]

Nicht nur Goethes intensive Beschäftigung mit den Farben klingt in den Briefen und Aufzeichnungen aus der Schweiz an, sondern sein weitgefächertes wissenschaftliches Interesse an den Gegenständen der Natur überhaupt; sei es die Untersuchung von Gesteinsarten, mineralischen Quellen oder der verschiedenen Lufterscheinungen. Hier wird die Wissenschaft zur Kunst und die Kunst zur Wissenschaft, zu jener Einheit, zu der er sie später in seiner Farbenlehre erklären wird. Am 9. November 1779 schreibt Goethe am Fuße des Gemmi: »Die ewige innerliche Kraft der Natur fühlt man sich ahnungsvoll durch jede Nerve bewegen.« Und sei der Mensch mit den großen Gegenständen der Natur einmal vertraut und wisse sie zu bewahren, sie mit andern Empfindungen und Gedanken zu verbinden, habe er »einen

Vorrat von Gewürz, womit er seinem ganzen Wesen einen durch-
ziehenden Geschmack geben könne.«[19]

Auf dem Heimweg verweilten die an Geist und Seele Geläu-
terten vierzehn Tage bei dem Zürcher Pfarrer Johann Caspar
Lavater. Goethe schreibt darüber: *»Die Bekanntschaft mit
Lavatern ist für den Herzog und mich, was ich gehofft habe:
Siegel und oberste Spitze der ganzen Reise und eine Weide an
Himmelsbrot, wovon man lange Tage gute Folgen spüren wird.
Die Trefflichkeit dieses Menschen spricht kein Mund aus.«*[20]
Und an Frau von Stein: *»Wir sind in und mit Lavatern glücklich, es ist uns allen eine Kur, um einen Menschen zu sein, der
in der Häuslichkeit der Liebe lebt und strebt, der an dem, was
er wirkt, Genuss am Wirken hat, und seine Freunde mit unglaub-
licher Aufmerksamkeit trägt, nährt, leitet und erfreut. Wie gern
möcht ich ein Vierteljahr neben ihm zubringen, freilich nicht
müßig, wie jetzt. Etwas zu arbeiten haben, und abends wieder
zusammenlaufen. Die Wahrheit ist einem doch immer neu, und
wenn man wieder einmal so einen ganz wahren Menschen sieht,
meint man, man käme erst auf die Welt. Aber auch ist´s im
Moralischen wie mit einer Brunnen-Kur, alle Übel im Menschen,
tiefe und flache, kommen in Bewegung, und das ganze Einge-
weide arbeitet durcheinander. Erst hier geht mir recht klar auf,
in was für einem sittlichen Tod wir gewöhnlich zusammen leben,
und woher das Eintrocknen und Einfrieren eines Herzens kommt,
das in sich nie dürr und nie kalt ist. Gebe Gott, dass unter mehr
großen Vorteilen auch dieser uns nach Hause begleite, dass wir
unsre Seele offenhalten und wir die guten Seelen auch zu öffnen
vermögen. Könnt ich Euch malen, wie leer die Welt ist, man würde
sich aneinander klammern und nicht voneinander lassen.«*[21]
Als die Reisenden am 21. Dezember in Mannheim ankommen,
ist man schon wieder mitten in der Welt. Hier wurde zu

Goethes Ehren sein Clavigo (1774) aufgeführt mit freiem Eintritt für jedermann. In seiner Glanzrolle als Carlos sah man August Wilhelm Iffland. Goethe schätzte den jungen Schauspieler außerordentlich. Nach der Vorstellung ließ er den damals Zwanzigjährigen zu sich bitten. Dieser schrieb nach der Begegnung an seinen Bruder, Goethe habe ihm geraten: »»Spielen Sie Entweder Oder: Immer das Äußerste, das niedrigst Komische und das höchst Tragische. Es ist ein odiöser Kerl, der das Zeug zu was Außerordentlichem hat und bleibt im Mittel. Uff!‹, und dabei spannte er jede Nerve, ›Hinauf! Hinauf! Oder ganz im Drecke! Bei Gott ich wundere mich, dass Sie so jung sind und Resignation genug haben, Alte zu spielen. Wenn ich vierzehn Tage dabliebe, so wollte ich Ihretwegen den Eid von Corneille umarbeiten, so gefallen Sie mir.‹ Den Tag nach Clavigo sprach ich ihn bei Herrn von Dalberg, und er war mit meinem Carlos sehr zufrieden. Ein bisschen zu geschwind wäre ich gewesen, meinte er. Den 23. sah er den Baron Abslut in den Nebenbuhlern von mir. Nach der Vorstellung kam der Herzog und Goethe auf das Theater. Der Herzog sagte mir, so wie Goethe, viel Schönes: ›Gehen Sie stracks fort auf Ihrer Bahn, Sie sind den Beifall wert, den Sie überall erhalten müssen. Adieu! Adieu!‹ Hier gab er mir die Hand: ›Leben Sie glücklich! Denken Sie zuweilen an Goethe, er hat Sie lieb.‹ - - Dass ich mir vor Freude hätte einen Rausch trinken mögen, kannst Du denken. Goethe, Goethe sagte mir das!«[22]

5.

Von Italien

Kennst du das Land, wo die Zitronen blühn,
Im dunkeln Laub die Goldorangen glühn,
Ein sanfter Wind vom blauen Himmel weht,
Die Myrte still und hoch der Lorbeer steht,
Kennst du es wohl?
Dahin! Dahin
Möcht' ich mit dir, o mein Geliebter, ziehn!

Mignons Lied. Goethes vielfach vertonte
Italiensehnsucht, um 1782[1]

Goethe in Lebensgröße auf römischen Ruinen sitzend und über das Schicksal der
menschlichen Werke nachdenkend. Johann Heinrich Wilhelm Tischbein, 1787.

Ein Künstler unter Künstlern

Seit Goethe im Jahre 1782 eines der höchsten Ämter den Vorsitz der Kammern bekleidete, während ihn gleichzeitig auch die äußere Politik und die zahlreichen Reisen zu anderen Höfen immer stärker in Anspruch nahmen, sah er sich gezwungen, sogar sein Gartenhäuschen aufzugeben und in die Stadt zu ziehen. Dabei spürte er deutlich, wie er im Begriff war, sich mehr und mehr von seinem wahren Wesen zu entfernen. Dichtungen wie Faust und Egmont, Tasso und Wilhelm Meister harrten ihrer Vollendung. Hinzu kam die Sehnsucht, tiefer in seine Naturstudien einzutauchen. Aus dieser Disharmonie der auseinanderstrebenden Berufe erwuchsen ihm oft kaum erträgliche Spannungen. Schließlich wurde der Leidensdruck so groß, dass er nur noch an Flucht denken konnte.

Der Badeaufenthalt in Karlsbad, wo Goethe im Sommer 1786 mit dem Herzog, den Herders und Frau von Stein zusammen war, schien ideal, um sein Vorhaben in die Tat umzusetzen. Am 14. August war Frau von Stein abgereist, am 27. verließ auch der Herzog das Bad, am 28. feierten die Zurückgebliebenen Goethes siebenunddreißigsten Geburtstag. Am 2. September teilte der Dichter den Abgereisten brieflich den Entschluss zu einer längeren Reise mit, deren Ziel und Dauer er aber unbestimmt ließ. Näheres wusste nur sein treuer Diener Seidel.

Am 3. September frühmorgens um drei Uhr schlug die Stunde der Befreiung. Ohne Aufenthalt fährt er in einunddreißig Stunden bis Regensburg, dann über München, Innsbruck, Bozen nach Verona, wo er am 14. September eintrifft. Hier, auf echtem italienischem Boden und angesichts der ersten großen Überreste des klassischen Altertums, löst sich die Spannung, hier verwandelt sich der Reisende, der bisher als Johann Philipp Möller

unterwegs war, in einen Italiener. Am 17. schreibt er in sein Tagebuch: *»Ich sah mir ab, wie sich ein gewisser Mittelstand hier trägt
und ließ mich völlig so kleiden. Ich hab einen unsäglichen Spaß
daran.«* [2] Und am 18. an Seidel: *»Diese Reise ist wirklich wie
ein reifer Apfel, der vom Baum fällt ...«* [3]

In Rom angekommen, wo er als Gleicher unter Gleichen in
Tischbeins Künstler-WG einzieht, offenbart er sich schließlich
am 1. November den Weimarer Freunden. *»Endlich bin ich in
dieser Hauptstadt der alten Welt angelangt! ... Nun bin ich hier
und ruhig und wie es scheint auf mein ganzes Leben beruhigt.
... Denn es geht, man darf wohl sagen, ein neues Leben an,
wenn man das Ganze mit Augen sieht, das man teilweise in und
auswendig kennt. Alle Träume meiner Jugend seh ich nun
lebendig, die ersten Kupferbilder deren ich mich erinnre (mein
Vater hatte die Prospekte von Rom auf einem Vorsaale auf-
gehängt) seh ich nun in Wahrheit, und alles was ich in Gemälden
und Zeichnungen, Kupfern und Holzschnitten in Gips und Kork
schon lange gekannt steht nun beisammen vor mir, wohin ich
gehe find ich eine Bekanntschaft in einer neuen Welt, es ist alles
wie ich mir's dachte und alles neu. ... Für mich ist es ein Glück,
dass Tischbein ein schönes Quartier hat, wo er mit noch einigen
Malern lebt. Ich wohne bei ihm und bin in ihre eingerichtete
Haushaltung mit eingetreten, wodurch ich Ruh und häuslichen
Frieden in einem fremden Lande genieße. ... Die merkwürdig-
sten Ruinen des alten Roms, St. Peter, die Plätze, den Papst und
die Kardinäle in der Pauls Kapelle am heutigen Feste, die Villa
Borghese habe ich gesehen und nun soll täglich etwas neues
vorgenommen werden. Ich bin wohl und empfehle mich durch
diesen eilig und vorläufig geschriebnen Brief.«* [4]

An den Herzog schreibt er zwei Tage später und insgeheim
weiß er den Freund auch dieses Mal wieder auf seiner Seite.
»Endlich kann ich den Mund auftun und Sie mit Freuden

Goethe in der Künstlerwohnung. Johann Heinrich Wilhelm Tischbein, 1786/87.
Rechts einige der kolossalen Errungenschaften Goethes, erstanden beim Gipsgießer.

begrüßen, verzeihen Sie das Geheimnis und die gleichsam unter-
irdische Reise hierher. Kaum wagte ich mir selbst zu sagen wohin
ich ging, selbst unterwegs fürchtete ich noch und nur unter der
Porta del Popolo war ich mir gewiss Rom zu haben. ... In
Vicenz hab ich mich an den Gebäuden des Palladio höchlich
geweidet und mein Auge geübt. Seine Vier Bücher der Baukunst,
ein köstliches Werk, und den Vitruv des Galiani hab ich mir
angeschafft und schon fleißig studiert, hier werd ich in Gesell-
schaft eines guten Architekten, die Reste der alten, die Gebäude
der neuen Zeit besehen und nicht allein meinen Geschmack
bilden, sondern auch im Mechanischen mir Kenntnisse erwerben,
denn eins kann ohne das andre nicht bestehen. ... Gemälde und
Statuen zu sehen hilft mir des Hofrat Reifenstein lange Praktik
und Tischbeins Künstler Auge. Und ich sehe denn nur so hin.«[5]

Schätze in Gips

*D*iese neue Wohnung gab nun Gelegenheit, eine Anzahl von Gipsabgüssen, die sich nach und nach um uns gesammelt hatten, in freundlicher Ordnung und gutem Lichte aufzustellen, und man genoss jetzt erst eines höchst würdigen Besitzes. Wenn man, wie in Rom der Fall ist, sich immerfort in Gegenwart plastischer Kunstwerke der Alten befindet, so fühlt man sich wie in Gegenwart der Natur vor einem Unendlichen, Unerforschlichen. Der Eindruck des Erhabenen, des Schönen, so wohltätig er auch sein mag, beunruhigt uns, wir wünschen unsre Gefühle, unsre Anschauung in Worte zu fassen: dazu müssten wir aber erst erkennen, einsehen, begreifen; wir fangen an zu sondern, zu unterscheiden, zu ordnen, und auch dieses finden wir, wo nicht unmöglich, doch höchst schwierig, und so kehren wir endlich zu einer schauenden und genießenden Bewunderung zurück.

Überhaupt aber ist dies die entschiedenste Wirkung aller Kunstwerke, dass sie uns in den Zustand der Zeit und der Individuen versetzen, die sie hervorbrachten. Umgeben von antiken Statuen, empfindet man sich in einem bewegten Naturleben, man wird die Mannigfaltigkeit der Menschengestaltung gewahr und durchaus auf den Menschen in seinem reinsten Zustande zurückgeführt, wodurch denn der Beschauer selbst lebendig und rein menschlich wird. Selbst die Bekleidung, der Natur angemessen, die Gestalt gewissermaßen noch hervorhebend, tut im allgemeinen Sinne wohl. Kann man dergleichen Umgebung in Rom tagtäglich genießen, so wird man zugleich habsüchtig darnach; man verlangt, solche Gebilde neben sich aufzustellen, und gute Gipsabgüsse als die eigentlichsten Faksimiles geben hiezu die beste Gelegenheit. Wenn man des Morgens die Augen aufschlägt, fühlt man sich von dem Vortrefflichsten gerührt; alles unser Denken und Sinnen ist von solchen Gestalten begleitet, und es wird dadurch unmöglich, in Barbarei zurückzufallen.

Den ersten Platz bei uns behauptete Juno Ludovisi, um desto höher geschätzt und verehrt, als man das Original nur selten, nur zufällig zu sehen bekam und man es für ein Glück achten musste, sie immerwährend vor Augen zu haben; denn keiner unsrer Zeitgenossen, der zum ersten Mal vor sie hintritt, darf behaupten, diesem Anblick gewachsen zu sein.

Noch einige kleinere Junonen standen zur Vergleichung neben ihr, vorzüglich Büsten Jupiters und, um anderes zu übergehen, ein guter alter Abguss der Medusa Rondanini; ein wundersames Werk, das, den Zwiespalt zwischen Tod und Leben, zwischen Schmerz und Wollust ausdrückend, einen unnennbaren Reiz wie irgendein anderes Problem über uns ausübt.

Doch erwähn' ich noch eines Herkules Anax, so kräftig und groß, als verständig und mild; sodann eines allerliebsten Merkur, deren beider Originale sich jetzt in England befinden.

Halberhobene Arbeiten, Abgüsse von manchen schönen Werken gebrannter Erde, auch die ägyptischen, von dem Gipfel des großen Obelisk genommen, und was nicht sonst an Fragmenten, worunter einige marmorne waren, standen wohl eingereiht umher.

Ich spreche von diesen Schätzen, welche nur wenige Wochen in die neue Wohnung gereiht standen, wie einer, der sein Testament überdenkt, den ihn umgebenden Besitz mit Fassung, aber doch gerührt ansehen wird. Die Umständlichkeit, die Bemühung und Kosten und eine gewisse Unbehülflichkeit in solchen Dingen hielten mich ab, das Vorzüglichste sogleich nach Deutschland zu bestimmen. Juno Ludovisi war der edlen Angelika [Kauffmann] zugedacht, weniges andere den nächsten Künstlern, manches gehörte noch zu den Tischbeinischen Besitzungen, anderes sollte unangetastet bleiben und von Bury, der das Quartier nach mir bezog, nach seiner Weise benutzt werden.

Italienische Reise[6]

Eine wahre Wiedergeburt

Immer wieder vergleicht Goethe die italienische Reise mit einer Wiedergeburt, die ihn von innen heraus umarbeite. An die Herders schreibt er Anfang Dezember 1786: *»Sehr wunderbar drängt sich in dieses Jahr soviel zusammen. Heilsam und gesegnet, dass auf eine lange Stockung wieder eine Lebensregung sich rührt. Ich finde mich viel, viel anders und besser.«*[7]

Rückblickend schreibt er später an den Herzog, der ihm großzügig unbefristeten Urlaub gewährt hatte: *»Die Hauptabsicht meiner Reise war: mich von den physisch-moralischen Übeln zu heilen, die mich in Deutschland quälten und mich zuletzt unbrauchbar machten; sodann den heißen Durst nach wahrer Kunst zu stillen, das erste ist mir ziemlich das letzte ganz geglückt. Da ich ganz frei war, ganz nach meinem Wunsch und Willen lebte; so konnte ich nichts auf andre, nichts auf Umstände, Zwang oder Verhältnisse schieben, alles kehrte unmittelbar auf mich zurück und ich habe mich recht durchaus kennen lernen ... Ganz unter fremden Menschen, in einem fremden Lande zu leben, auch nicht einen bekannten Bedienten zu haben, an den man sich hätte anlehnen können, hat mich aus manchen Träumen geweckt, ich habe an munterm und resolutem Leben viel gewonnen. Als ich zuerst nach Rom kam, bemerkt ich bald dass ich von Kunst eigentlich gar nichts verstand und dass ich bis dahin nur den allgemeinen Abglanz der Natur in den Kunstwerken bewundert und genossen hatte, hier tat sich eine andre Natur, ein weiteres Feld der Kunst vor mir auf, ja ein Abgrund der Kunst, in den ich mit desto mehr Freude hineinschaute, als ich meinen Blick an die Abgründe der Natur gewöhnt hatte. Ich überließ mich gelassen den sinnlichen Eindrücken, so sah ich Rom, Neapel, Sizilien und kam auf Corpus Domini [Fronleichnam] nach Rom zurück.«*[8]

Faustina nach einer Zeichnung Goethes.

Zu den Sinnesfreuden, die der Dichter in vollen Zügen genießen lernte, trug mitunter noch eine andere italienische Naturschönheit bei. Auf der Hinreise verbrachte Goethe vier Monate, auf der Rückreise fast ein Jahr in Rom. Seine römische Liebe Faustina hat er auf der Rückreise vermutlich erst im Januar 1788 kennengelernt. Dem Herzog, der Goethe in seinen Briefen nach Rom auch von seinem amourösen Leben berichtete, antwortete Goethe am 16. Februar 1788: »*Es scheint, dass Ihre guten Gedanken unterm 22. Januar unmittelbar nach Rom gewirkt haben, denn ich könnte schon von einigen anmutigen Spaziergängen erzählen. So viel ist gewiss und haben Sie, als ein Doctor longe experientissimus [Gelehrter mit überaus langer Erfahrung], vollkommen recht, dass eine dergleichen mäßige Bewegung das Gemüt erfrischt und den Körper in ein köstliches Gleichgewicht bringt. Wie ich solches in meinem Leben mehr als einmal erfahren, dagegen auch die Unbequemlichkeit gespürt habe, wenn ich mich von dem breiten Wege, auf dem engen Pfad der Enthaltsamkeit und Sicherheit einleiten wollte.*«[9]

Die Begegnung mit »Faustina«, vermutlich ein Pseudonym, um die Identität der Geliebten zu schützen, schlug sich in Goethes *Römischen Elegien* nieder, die ihrer Freizügigkeit wegen später

74

einen handfesten Skandal auslösten. Das Erlebnis mit der jungen Witwe, Mutter eines kleinen Kindes, soll das erste wirklich erotische Ereignis im Leben Goethes gewesen sein. Er empfand wohl erstmals eine Beziehung, in der Sinnliches und Seelisches sich harmonisch vereinten. Eine Harmonie, die auch für seine neue, klassische Ästhetik wegweisend sein sollte.[10]

Wenn ich der Nacht gedenke

Auf eine besonders feierliche Weise sollte jedoch mein Abschied aus Rom vorbereitet werden; drei Nächte vorher stand der volle Mond am klarsten Himmel, und ein Zauber, der sich dadurch über die ungeheure Stadt verbreitet, so oft empfunden, ward nun aufs eindringlichste fühlbar. Die großen Lichtmassen, klar, wie von einem milden Tage beleuchtet, mit ihren Gegensätzen von tiefen Schatten, durch Reflexe manchmal erhellt, zur Ahnung des Einzelnen, setzen uns in einen Zustand wie von einer andern, einfachern, größern Welt.

Nach zerstreuenden, mitunter peinlich zugebrachten Tagen macht' ich den Umgang mit wenigen Freunden einmal ganz allein. Nachdem ich den langen Korso, wohl zum letzten Mal, durchwandert hatte, bestieg ich das Kapitol, das wie ein Feenpalast in der Wüste dastand. Die Statue Mark Aurels rief den Kommandeur in »Don Juan« zur Erinnerung und gab dem Wanderer zu verstehen, dass er etwas Ungewöhnliches unternehme. Dessen ungeachtet ging ich die hintere Treppe hinab. Ganz finster, finstern Schatten werfend, stand mir der Triumphbogen des Septimius Severus entgegen; in der Einsamkeit der Via Sacra erschienen die sonst so bekannten Gegenstände fremdartig und geisterhaft. Als ich aber den erhabenen Resten des Koliseums mich näherte und in dessen verschlossenes Innere durchs Gitter hineinsah, darf ich nicht leugnen, dass mich ein Schauer überfiel und meine Rückkehr beschleunigte.

Alles Massenhafte macht einen eignen Eindruck zugleich als erhaben und fasslich, und in solchen Umgängen zog ich gleichsam ein unübersehbares Summa Summarum meines ganzen Aufenthaltes. Dieses, in aufgeregter Seele tief und groß empfunden, erregte eine Stimmung, die ich heroisch-elegisch nennen darf, woraus sich in poetischer Form eine Elegie zusammenbilden wollte.

Und wie sollte mir gerade in solchen Augenblicken Ovids Elegie nicht ins Gedächtnis zurückkehren, der, auch verbannt, in einer Mondnacht Rom verlassen sollte. »Cum repeto noctem!« seine Rückerinnerung, weit hinten am Schwarzen Meere, im trauer- und jammervollen Zustande, kam mir nicht aus dem Sinn, ich wiederholte das Gedicht, das mir teilweise genau im Gedächtnis hervorstieg, aber mich wirklich an eigner Produktion irre werden ließ und hinderte; die auch, später unternommen, niemals zustande kommen konnte.

Wandelt von jener Nacht mir das traurige Bild vor die Seele,
Welche die letzte für mich ward in der römischen Stadt,
Wiederhol' ich die Nacht, wo des Teuren so viel mir
                                        zurückblieb,
Gleitet vom Auge mir noch jetzt eine Träne herab.
Und schon ruhten bereits die Stimmen der Menschen und Hunde,
Luna, sie lenkt' in der Höh' nächtliches Rossegespann.
Zu ihr schaut' ich hinan, sah dann kapitolische Tempel,
Welchen umsonst so nah unsere Laren* gegrenzt. –

Italienische Reise[11]

76

*Altrömische Schutzgeister.

6.

Von der
»Weimarer Klassik«

Der einzige Weg für uns, groß,
ja, wenn es möglich ist,
unnachahmlich zu werden,
ist die Nachahmung der Alten . . .

Johann Joachim Winckelmann[1]

»Der Weimarer Musenhof«: Ideal arrangierte Szene aus der Zeit um 1795. Schiller deklamiert im Tiefurter Park. Unter den Zuhörern ganz links (sitzend) Herder, in der Bildmitte (sitzend mit Kappe) Wieland und rechts (stehend) Goethe. Theobald v. Oer.

Rückkehr mit Hindernissen

Am 18. Juni 1788 traf Goethe nach fast zweijähriger Abwesenheit wieder in Weimar ein. Nichts wünschte er sehnlicher, als die Fülle an Eindrücken mit seinen Freunden zu teilen. Doch in das Neuland, das er sich erworben hatte, vermochte ihm nicht einer seiner Freunde zu folgen, vielmehr empfanden sie irritiert den Abstand, der sich zwischen ihnen aufgetan hatte. Frau von Stein klagte: «Goethe hat mich auf völlig fremdem Fuße entlassen.«[2] Das ursprünglich so schöne Verhältnis war in keiner Weise wiederherzustellen, zu fremd waren die Geisteswelten geworden, die beide bewohnten. Frau Herder berichtete ihrem Mann »Die Stein meint, [Goethe] sei sinnlich geworden, und sie hat nicht ganz unrecht.«[3]

Von der Lebensfreude und Leichtigkeit Italiens zehrte Goethe noch lange. Bald nach seiner Rückkehr hatte der Dichter bei einem Spaziergang im Park die Bekanntschaft einer hübschen jungen Frau gemacht, die ihm die Bittschrift ihres Bruders Christian August Vulpius, eines aussichtsreichen Romanautors, überreichte. Goethe fesselte sofort die natürliche Frische und Anmut der lebensfrohen Überbringerin, rasch entwickelte sich ein leidenschaftliches Liebesverhältnis. Die Verbindung zu der bürgerlichen Christiane Vulpius, der späteren Frau von Goethe, Mutter seines von fünf gemeinsamen Kindern am Leben gebliebenen einzigen Sohnes, die bis zu ihrem Tode Goethes treue Gefährtin bleiben sollte, bot dem kleinstädtischen Klatsch unerschöpflichen Stoff. Umso stolzer durfte Christiane auf Frau Ajas Anerkennung sein, die nach dem ersten Kennenlernen den Sohn in den lebhaftesten und herzlichsten Worten zu seiner Wahl beglückwünschte.

Der Bund mit Schiller

Neben der Beziehung zu Christiane war es vor allem Schiller, der Goethe aus der Vereinsamung erlösen sollte. Am 17. September 1788 hatte Goethe einen Ausflug nach Rudolstadt unternommen und war dort in der Familie von Lengefeld zum ersten Mal mit dem um zehn Jahre jüngeren Dichterkollegen zusammengetroffen. Schiller berichtet über dieses Zusammentreffen an seinen Freund Körner nach Dresden: *»Bei vielem Ernst hat seine Miene doch viel Wohlwollendes und Gutes. Seine Stimme ist überaus angenehm, seine Erzählung fließend, geistvoll und belebt ... Im ganzen genommen ist meine in der Tat große Idee von ihm nach dieser persönlichen Bekanntschaft nicht vermindert worden, aber ich zweifle, ob wir einander je sehr näherrücken werden.«*[4]

Tatsächlich fand Schiller zunächst von Goethe kaum Beachtung, dieser hegte sogar eine künstlerische Abneigung gegen den Räuber-Autor. Dennoch setzte er sich noch im gleichen Jahr für eine außerordentliche Professur Schillers im Fach Geschichte an der Akademie in Jena ein. Letztlich sollte es noch Jahre dauern, bis die beiden Großen endlich zusammenfanden.

Im Juni 1794, kurz nachdem Schiller nach Jena gezogen war, wurde Goethe von ihm gebeten, dem Herausgeberkreis einer von ihm geplanten Zeitschrift für Kultur und Kunst, den *Horen,* beizutreten. Die Monatsschrift sollte »sowohl philosophischen Untersuchungen als historischen und poetischen Darstellungen« offenstehen. Alles »was entweder bloß den gelehrten Leser interessieren oder was bloß den nichtgelehrten befriedigen kann«, besonders aber sollte alles auf Staatsreligion und Verfassung Bezügliche ausgeschlossen bleiben.[5]

Nach Goethes Zusage trafen sich die beiden im Juli des gleichen Jahres in Jena, für Goethe »ein glückliches Ereignis« und der

Beginn eines fruchtbaren Arbeitsbündnisses, geprägt von tiefem Verständnis für das Wesen und die Arbeitsweise des anderen. Im September 1794 lud Goethe Schiller zu einem längeren Besuch in Weimar ein, der sich auf zwei Wochen ausdehnte und einem intensiven Ideenaustausch zwischen ihnen diente. Dem Treffen schlossen sich häufige wechselseitige Besuche an.

Oft blieb Goethe mehrere Wochen in Jena. Von einem dieser höchst produktiven Arbeitstreffen berichten Körners Frau und deren Schwester, die einige Zeit bei den Schillers zu Besuch waren. Die beiden Frauen waren zusammen unten in der Wohnstube und hörten über sich die Stimmen der dichtenden Freunde. *»In kürzeren oder längeren Pausen ertönte ein schallendes Gelächter, zuweilen von sehr vernehmlichem Fußstampfen begleitet. Wenn die Herren um zwölf Uhr zum Mittagessen herunterkamen, waren sie äußerst aufgeräumt und sagten mehr als einmal: ›Heute sind die Philister wieder tüchtig geärgert worden.‹ «*[6]

Mit den *Xenien**, der satirischen Abrechnung mit der zeitgenössischen Literatur und Literaturkritik, begonnen im Dezember 1795, hatten die beiden Feuer gefangen. Unentwegt schickten sie sich neue Xenien zu. Dabei gingen sie so weit, sich absichtlich so ineinander zu verschränken, dass man ihre Arbeiten nicht mehr auseinanderhalten konnte. Goethe schrieb begeistert an Schiller: *»Es zeigt, dass wir immer mehr die Manier los werden und ins allgemeine Gute übergehen. Und dann ist zu bedenken, dass wir eine schöne Breite einnehmen können, wenn wir mit einer Hand zusammenhalten und mit der andern so weit ausreichen, als die Natur uns erlaubt hat.«*[7]

Nicht weniger enthusiastisch klingt Schillers Brief an Wilhelm von Humboldt: *»Bei einem solchen gemeinschaftlichen Werk ist natürlicherweise keine strenge Form möglich; alles, was sich erreichen lässt, ist eine gewisse Allheit oder lieber Unermesslichkeit, und diese soll das Werk auch an sich tragen. Eine*

---

*Xenien (griech.), ursprünglich »Gastgeschenke«.

angenehme und zum Teil genialische Impudenz und Gottlosig-
keit, eine nichts verschonende Satire, in welcher jedoch ein
lebhaftes Streben nach einem festen Punkt zu erkennen sein
wird, wird der Charakter davon sein. Unter sechshundert Mono-
distichen tun wir es nicht, aber womöglich steigen wir auf die
runde Zahl Tausend. Von der Möglichkeit werden Sie sich über-
zeugen, wenn ich Ihnen sage, dass wir jetzt schon in dem dritten
Hundert sind, obgleich die Idee nicht viel über einen Monat alt
ist. Bei aller ungeheuren Verschiedenheit zwischen Goethe und
mir, wird es selbst Ihnen öfters schwer und manchmal unmög-
lich sein, unsern Anteil an dem Werke zu sortieren. Denn da das
Ganze einen laxen Plan hat, das einzelne aber ein Minimum ist,
so ist zu wenig Fläche gegeben, um das verschiedene Spiel der
beiden Naturen zu zeigen. Es ist auch zwischen Goethe und mir
förmlich beschlossen, unsere Eigentumsrechte an den einzelnen
Epigrammen niemals auseinanderzusetzen, sondern es in Ewig-
keit auf sich beruhen zu lassen, welches uns auch wegen der
Freiheit der Satiren zuträglich ist.«[8]

Elf Jahre währte die intensive Zusammenarbeit zwischen Goethe
und Schiller, beide stimmten in der Ablehnung der Französischen
Revolution ebenso überein wie in der Hinwendung zur Antike als
höchstem künstlerischen Ideal; In der gemeinsamen Erörterung
ästhetischer Grundsatzfragen entwickelten sie eine Literatur- und
Kunstauffassung, die als *Weimarer Klassik* zur Epochenbezeich-
nung werden sollte. Beide Dichter, deren literarisches Schaffen
vorher ins Stocken geraten war, betonten den geistig anregenden
Einfluss des Gegenübers. Neben gemeinsamen publizistischen
Projekten nahm ein jeder lebhaften Anteil an den Werken des
anderen. So beeinflusste Goethe Schillers *Wallenstein*, während
Schiller die Arbeit an Goethes Roman *Wilhelm Meister* kritisch
begleitete und ihn zur Fortführung des *Faust* ermunterte.

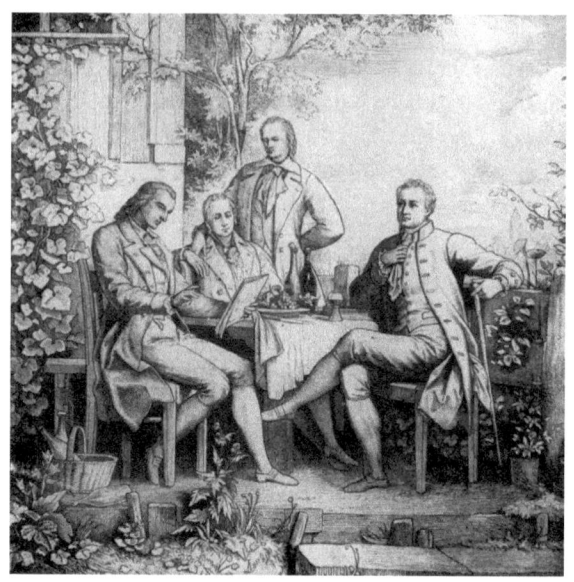

V.l.n.r.: Schiller, Wilhelm und Alexander von Humboldt und Goethe in Jena, Andreas Müller ca. 1797.

Am 5. Januar 1798 schreibt Schiller an Goethe: *»Jetzt da ich meine Arbeit [Wallenstein] von einer fremden Hand reinlich geschrieben vor mir habe und sie mir fremder ist, macht sie mir wirklich Freude. Ich finde augenscheinlich, dass ich über mich selbst hinausgegangen bin, welches die Frucht unsers Umgangs ist; denn nur der vielmalige kontinuierliche Verkehr mit einer, so objektiv mir entgegenstehenden Natur, mein lebhaftes Hinstreben darnach und die vereinigte Bemühung, sie anzuschauen und zu denken, konnte mich fähig machen, meine subjektiven Grenzen so weit auseinander zu rücken. Ich finde, dass mich die Klarheit und die Besonnenheit, welche die Frucht einer spätern Epoche ist, nichts von der Wärme einer frühern gekostet hat. Doch es schickte sich besser, dass ich das aus*

Ihrem Munde hörte, als dass Sie es von mir erfahren.«[9]

Goethe beantwortet die wertschätzenden Worte des Freundes seinerseits mit herzlichster Anerkennung von dessen Unterstützung. *»Das günstige Zusammentreffen unserer beiden Naturen hat uns schon manchen Vorteil verschafft und ich hoffe dieses Verhältnis wird immer gleich fortwirken. Wenn ich Ihnen zum Repräsentanten mancher Objekte diente, so haben Sie mich von der allzustrengen Beobachtung der äußern Dinge und Ihrer Verhältnisse auf mich selbst zurückgeführt, Sie haben mich die Vielseitigkeit des innern Menschen mit mehr Billigkeit anzuschauen gelehrt, Sie haben mir eine zweite Jugend verschafft und mich wieder zum Dichter gemacht, welches zu sein ich so gut als aufgehört hatte.«*[10]

Das war freilich eine Zeit . . .

Von der produktiven Allianz der beiden Dichter profitierte vor allem das Weimarer Hoftheater, mit dessen Leitung Goethe seit 1791 betraut war. 1798 wurde das Hoftheater auf Goethes Betreiben in ein repräsentatives Theater mit Galerien, Säulen und Balkonen umgewandelt und auf 1.000 Sitzplätze erweitert. Nach dem Umbau wirkten Goethe und Schiller, der inzwischen von Jena nach Weimar übergesiedelt war, hier gemeinsam. Im Gespräch mit Johann Peter Eckermann schwärmt Goethe später: *»Das war freilich eine Zeit, die uns mit großen Avantagen zu Hilfe kam. Denken Sie sich, dass die langweilige Periode des französischen Geschmacks damals noch nicht gar lange vorbei und das Publikum noch keineswegs überreizt war, dass Shakespeare noch in seiner ersten Frische wirkte, dass die Opern von Mozart jung, und endlich dass die Schiller'schen Stücke erst von Jahr zu Jahr hier entstanden und auf dem weimarischen Theater, durch ihn selber einstudiert, in ihrer ersten Glorie* *gegeben wurden – und Sie können sich vorstellen, dass mit solchen Gerichten Alte und Junge zu traktieren waren, und dass wir immer ein dankbares Publikum hatten. . . . Die Hauptsache aber war dieses, dass der Großherzog mir die Hände durchaus frei ließ, und ich schalten und machen konnte wie ich wollte. Ich sah nicht auf prächtige Dekorationen und eine glänzende Garderobe, aber ich sah auf gute Stücke. Von der Tragödie bis zur Posse, mir war jedes Genre recht; aber ein Stück musste etwas sein, um Gnade zu finden. Es musste groß und tüchtig, heiter und graziös, auf alle Fälle aber gesund sein und einen gewissen Kern haben. Alles Krankhafte, Schwache, Weinerliche und Sentimentale, sowie alles Schreckliche, Gräuelhafte und die gute Sitte Verletzende war ein für allemal ausgeschlossen; ich hätte gefürchtet, Schauspieler und Publikum damit zu verderben.*

Durch die guten Stücke aber hob ich die Schauspieler; denn das Studium des Vortrefflichen und die fortwährende Ausübung des Vortrefflichen musste notwendig aus einem Menschen, den die Natur nicht im Stich gelassen, etwas machen. Auch war ich mit den Schauspielern in beständiger persönlicher Berührung. Ich leitete die Leseproben und machte jedem seine Rolle deutlich; ich war bei den Hauptproben gegenwärtig und besprach mit ihnen, wie etwas besser zu tun; ich fehlte nicht bei den Vorstellungen und bemerkte am andern Tage alles, was mir nicht recht erschienen.

Dadurch brachte ich sie in ihrer Kunst weiter. Aber ich suchte auch den ganzen Stand in der äußern Achtung zu heben, indem ich die Besten und Hoffnungsvollsten im meine Kreise zog und dadurch der Welt zeigte, dass ich sie eines geselligen Verkehrs mit mir wert achtete. Hierdurch geschah aber, dass auch die übrige höhere weimarische Gesellschaft hinter mir nicht zurückblieb und dass Schauspieler und Schauspielerinnen in die besten Zirkel bald einen ehrenvollen Zutritt gewannen. . . . Schiller

verfuhr in demselbigen Sinne wie ich. Er verkehrte mit Schau-
spielern und Schauspielerinnen sehr viel. Er war gleich mir bei
allen Proben gegenwärtig, und nach jeder gelungenen Vorstel-
lung von einem seiner Stücke pflegte er sie zu sich einzuladen
und sich mit ihnen einen guten Tag zu machen. Man freute sich
gemeinsam an dem, was gelungen, und besprach sich über das,
was etwa das nächste Mal besser zu tun sei. Aber schon als
Schiller bei uns eintrat, fand er Schauspieler wie Publikum
bereits im hohen Grade gebildet vor, und es ist nicht zu leug-
nen, dass es dem raschen Erfolg seiner Stücke zugute kam.«[11]

Bereits seit der Übernahme der Direktion hatte Goethe dafür
gesorgt, dass sich ein Schauspielensemble formieren konnte, das
nach seinen in mühsamer Detailarbeit entwickelten 91 *Regeln für*
Schauspieler den Anforderungen der klassischen Dramen entsprach. Der ehemals anrüchige Ruf der Schauspieler, die man
gemeinhin noch zu den »Fahrenden« zählte, wich einer hohen
Wertschätzung und gesellschaftlichen Anerkennung. Stets um
talentierten Nachwuchs bemüht, schrieb Goethe einer besorgten
Mutter, deren Sohn die Laufbahn des Schauspielers einschlagen
wollte: »*Madame! . . . Der Schauspieler befindet sich bei uns*
keineswegs in der Lage wie etwa noch in Oberdeutschland. Er
ist, so lange er sich zu dieser Kunst bekennt, weder von guter
Gesellschaft, noch andern wünschenswerten Verhältnissen aus-
geschlossen; so wie er auch, wenn er sie verlässt, wohl Gelegen-
heit findet irgend eine bürgerliche Stelle zu bekleiden. Es kommt
alles darauf an, was er leistet, wie er sich beträgt und ob er
sich beim Publikum Neigung und Achtung zu erwerben weiß. In
solchen und andern Rücksichten habe ich, nach wiederholtem
Gespräch und vielfacher Überlegung, Herrn Wolf nicht abraten
können, die Bühne zu betreten. Wird er sich einige Jahre, durch
Fleiß, Betragen und Wirtschaftlichkeit, auszeichnen; so ist vor-

aus zu sehen dass er, unter Begünstigung glücklicher Umstände, seiner Natur gemäß, ein zufriednes Leben führen werde. [...] Gönnen Sie Ihrem Sohn fortan Ihre mütterliche Liebe und den Beistand, dessen er in der ersten Zeit noch bedarf, bis er sich, durch sein gesteigertes Talent, in eine bequemere Lage versetzen kann. Ich wünsche, dass Sie sich durch diese Betrachtungen beruhigt fühlen, um so mehr als ich versichern kann, dass es nur von dem Betragen des jungen Mannes abhängen wird, bei uns in gutem Verhältnis zu stehen und zu bleiben.«[12]

Goethes Bemühungen um eine Theaterkultur in Weimar galt aber zunächst auch dem teilweise noch unerzogenen Publikum. Von seinem Theaterplatz aus führte er ein strenges Regiment. Er duldete durchaus keine Ruhestörungen und scheute sich keineswegs, diese sofort unmissverständlich zu unterbinden. »Wird´s bald still?« – »Man vergesse nicht, wo man ist!« – Das wirkte immer, sogar auf die jenaischen Studenten, von denen Christiane ihm einmal berichtete, dass sie in seiner Abwesenheit während der Vorstellung«»gespetakelt, gelacht und getrommelt hätten.«[13]

Musikgenuss in Weimar

Nicht nur das Schauspiel erfuhr unter Goethe eine Blütezeit, auch das Musiktheater wurde von ihm gefördert. In den Tag- und Jahresheften von 1791 sagte er darüber: *»Gar sehr begunstigte mich jene Neigung zur musikalischen Poesie. Ein unermüdlicher Konzertmeister, Kranz, und ein immer tätiger Theaterdichter, Vulpius, griffen lebhaft mit ein. Einer Unzahl italienischer und französischer Opern eilte man deutschen Text unterzulegen, auch gar manchen schon vorhandenen zu besserer Singbarkeit umzuschreiben. Die Partituren wurden durch ganz Deutschland verschickt. Fleiß und Lust, die man hiebei aufgewendet, obgleich das*

Goethes eigenhändiger Bühnenbildentwurf zu Mozarts »Zauberflöte«, 1794.

Andenken völlig verschwunden sein mag, haben nicht wenig zur Verbesserung deutscher Operntexte mitgewirkt. Diese Bemühungen teilte der aus Italien mit gleicher Vorliebe zurückkehrende Freund von Einsiedel, und so waren wir von dieser Seite auf mehrere Jahre geborgen und versorgt, und da die Oper immer ein Publikum anzuziehen und zu ergötzen das sicherste und bequemste Mittel bleibt . . .«[14] Die Liste der unter Goethes Leitung aufgeführten Opernkomponisten ist lang und vielfältig, sein Liebling aber blieb Mozart, den er als Vierzehnjähriger erstmals als Wunderkind am Klavier erlebt hatte. Über Jahrzehnte war Mozart in Weimar zu sehen: *Don Giovanni* 68-mal, *Figaros Hochzeit* 20-mal, *Die Entführung aus dem Serail* 49-mal und *Die Zauberflöte*, die absolute Lieblingsoper des Weimarer Publikums, sogar 82-mal. Goethe selbst war vom mystischen Symbolgehalt der Zauberflöte so fasziniert, dass sie ihn zur unvollendet gebliebenen Dichtung einer *Zauberflöte Teil II* inspirierte.[15]

Als Goethe 1786 nach Italien ging, geschah dies unter anderem auch der Musik wegen. Groß war seine Neugier auf den italienischen Volksgesang, den er in Venedig und Rom hörte, auf die Kirchenmusik, die er wochenlang in der Sixtinischen Kapelle genoss, und natürlich auf das Musiktheater, wobei ihn besonders die komische *Opera buffa* entzückte. *»Leben Bewegung mit Empfindung gewürzt, alle Arten Leidenschaften finden da ihren Schauplatz. Besonders erfreut mich die Delikatesse und Grazie, womit der Komponist gleichsam als ein himmlisches Wesen über der irdischen Natur des Dichters schwebt.«*[16]

Die italienische Erfahrung wollte Goethe auch für die eigenen Opernpläne nutzen. Denn *»in die eigentliche Opernform und ihre Vorteile hatte ich mich, bei meinem Aufenthalte in dem musikalischen Lande, recht eingedacht und eingeübt.«*[17]

Um sich seiner Libretti anzunehmen, hatte er eigens aus der Heimat Musikerfreund Kayser nach Rom kommen lassen. Nach der Rückkehr aus Italien gewann er in Reichardt einen fähigen Vertoner seiner Dichtungen. Sein musikalisches Pendant aber fand Goethe in dem Berliner Musikprofessor Zelter, einem ehemaligen Maurermeister. 1796 schickte ihm dieser *»12 Lieder am Clavier zu singen«*, darunter mehrere aus *Wilhelm Meisters Lehrjahren,* jenem klassischen Bildungsroman, der so typisch die Musikalität in Goethes lyrischer Sprache charakterisiert.

Seine Lieder schuf Zelter nach den von ihm aufgestellten Regeln der Einfachheit und des natürlichen und beseelten Ausdrucks, manche standen dem Volkslied nahe. Ein Briefwechsel, der mit den Jahren immer inniger wurde, entwickelte sich über mehr als drei Jahrzehnte bis zu Goethes Tod. Diese Briefe, fast 900 an der Zahl, sind die ergiebigste Quelle für Goethes Musikverständnis.[18] Intensiv beschäftigte ihn die geistige Verbindung von Musik und Poesie, wichtig war ihm, dass der Komponist die poetischen Intentionen des Dichters beachtete und den eigenen

Der Harfner und seine Tochter Mignon als Engel. Die Geschichte ihrer Herkunft, die Tiefen ihres Wesen, ihre Sehnsüchte deuten sich in geheimnisvollen Liedern eher an, als dass sie sich aussprechen. Illustrationen von Franz Ludwig Catel zu »Wilhelm Meisters Lehrjahre«, 1799.

motivischen Einfallsreichtum hinten anstellte. Zelter entsprach diesem Anliegen. Gegenüber August Wilhelm Schlegel betonte Goethe im Juni 1798: *»Gerade diese Verbindung zweier Künste ist wichtig und ich habe manches über beide im Sinne, das nur durch den Umgang mit einem solchen Manne entwickelt werden könnte. Das Originale seiner Kompositionen ist, so viel ich beurteilen kann, niemals ein Einfall, sondern es ist eine radikale Reproduktion der poetischen Intentionen.«*[19]

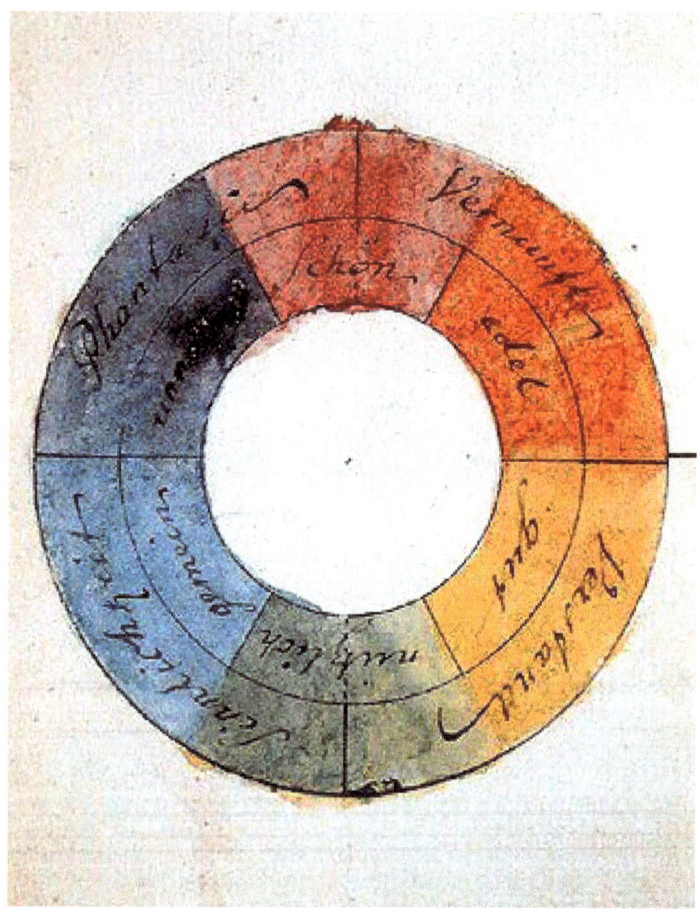

Goethes Farbenkreis zur Symbolisierung des menschlichen Geistes- und Seelenlebens, 1809. Die aquarellierte Federzeichnung illustriert in seiner Farbenlehre den allegorischen, symbolischen und mystischen Gebrauch der Farbe. Im inneren Ring entspricht die Farbe Rot der Qualität »schön«, Orange der Qualität »edel«, Gelb »gut«, Grün »nützlich«, Blau »gemein«, Violett »unnötig«. Im äußeren Ring steht Rot-Orange für Vernunft, Gelb-Grün für Verstand, Grün-Blau für Sinnlichkeit und Violett-Rot für Phantasie.

7.

Von der Wissenschaft als Kunst

Wir müssen uns die Wissenschaft
notwendig als Kunst denken,
wenn wir von ihr irgendeine Art
von Ganzheit erwarten.

Zur Farbenlehre[1]

Das alte Wahre, faß es an!

Goethe war ein grundsätzlich ganzheitlich denkender Mensch, ob als Dichter, Zeichner oder Wissenschaftler, stets ging er von der Natur aus, einer unteilbaren Natur, Mensch und Natur stehen unmittelbar in Beziehung. Um sich aber Wissenschaft und Kunst als einer Einheit zu nähern, schreibt er in der Farbenlehre, *»so müsste man keine der menschlichen Kräfte bei wissenschaftlicher Tätigkeit ausschließen. Die Abgründe der Ahndung, ein sicheres Anschauen der Gegenwart, mathematische Tiefe, physische Genauigkeit, Höhe der Vernunft, Schärfe des Verstandes, bewegliche, sehnsuchtsvolle Phantasie, liebevolle Freude am Sinnlichen, nichts kann entbehrt werden zum lebhaften fruchtbaren Ergreifen des Augenblicks, wodurch ganz allein ein Kunstwerk, von welchem Gehalt es auch sei, entstehen kann.«* [2]
Diese Gesinnung der Weihe und Verehrung pflegte Goethe in seiner gesamten Naturforschung. Dabei war er weitgehend ein Autodidakt. Der Goetheforscher Frank Nager bezeichnet ihn als »universalen naturwissenschaftlichen Dilettanten«[3], wenn wir *dilettare* im ursprünglichen Wortsinn innigen Liebhabens verstehen, als reine Freude an der Sache an sich. Goethe beschäftigte sich mit Geologie, Mineralogie, Optik, Morphologie, Botanik, Zoologie, Anatomie, Meteorologie und Astronomie. Seinem umfassenden naturwissenschaftlichen Werk, das in der großen Weimarer Ausgabe immerhin vierzehn Bände umfasst, hat er eine größere Bedeutung beigemessen als seiner Dichtung. Die Grundhaltung seines Forschens war überwältigende Ehrfurcht vor der geheimnisvollen Gott-Natur, die sich in allen Naturerscheinungen offenbarte. Aus der Natur entspringt für ihn *»nach welcher Seite hin man schaue [...] Unendliches.«* [4]
Goethe mit seinem Drang zu umfassenden Sinnzusammenhängen und geistiger Einheit ging es darum, die Natur nicht

gesondert und vereinzelt vorzunehmen, sondern aufzudecken, wie *»alles sich zum Ganzen webt, eins in dem andern wirkt und lebt.«*[5] Solch heiliger Maxime getreu verabscheute er jede zerstückelnde, messende, einordnende Art der Naturbehandlung, wo es allein darum geht, dass etwas dabei herauskommt, dass Natur beherrschbar wird. Goethes Naturwissenschaft will vielmehr als Kunst verstanden sein, wo der ganze Mensch vor der ganzen Natur steht: Fühlend, erlebend, anschauend und analysierend. Streng methodisch und absolut wissenschaftlich ging er vor, getreu seinem Grundsatz, dass man vorab bei wachem Verstand den eigenen Sinnen unverbrüchlich zu trauen habe. Dann aber *»wende dich nach innen: Das Zentrum findest du da drinnen, wirst keine Regel da vermissen.«*[6]

Metamorphose: Das zentrale Gesetz der Entwicklung

Während seiner Italienreise hoffte Goethe noch, die Urpflanze als reale Pflanze zu finden. Doch vom sinnlich Wahrnehmbaren musste er weiter vorstoßen zur Idee, zum Ewigen dahinter. Der *Metamorphose* hatte er sich verschrieben; dem in steter Wandlung Sich-Gestaltenden. Metamorphose ist das zentrale Gesetz der Entwicklung, der Polarität und Steigerung, der Anziehung und Abstoßung, des ewigen Rhythmus von Konzentration und Expansion, von Systole und Diastole, von Stirb und Werde. Es ist jenes Prinzip, das Goethe sein ganzes Leben lang leidend, kämpfend, wachsend als ureigene innere Wahrheit erfahren hat. In der Pflanzenwelt vollzieht sich diese Metamorphose aus der herrschenden Grundform, dem Pflanzenblatt, welches sich durch den Wechsel der Verengung (Systole) und Ausdehnung (Diastole) in alle pflanzlichen Seitenorgane umwandelt: in das Keimblatt, das Laubblatt, das Kelchblatt, das Blütenblatt und den Staubfaden. Sie alle sind durch ein inneres, materiell schwer fassbares Muster geheimnisvoll verwandt, sie alle sind abgewandelte Blätter. Goethes Werk über die »Metamorphose der Pflanzen« (1790) fand wenig Anerkennung in der Öffentlichkeit. Dennoch hielt ihn das allgemeine Desinteresse auch unter den Gelehrten nicht davon ab, die Metamorphose der tierischen und menschlichen Schädelknochen zu erforschen, nämlich aus der ursprünglichen Grundform, dem Wirbel. Auch hier ging es ihm um die Suche nach der Einheit, dem Typus, der Dauer im Wandel. Er sammelte Tierschädel aller Art, sogar den eines Elefanten, den er »in den innersten Zimmergen« versteckt hielt, damit man ihn »nicht für toll halte.«[7]

Am meisten aber lag ihm seine Farbenlehre am Herzen. Zwischen Goethes Optik und der Newtons liegen Welten. Goethes Farbenlehre ist viel eher eine tief ergriffene Farbentheologie: *»Farben sind Taten des Lichts, Taten und Leiden.«*[8] Im Gegensatz zu Newton, der das weiße Licht in der Dunkelkammer mit Hilfe von Linse und Prisma in seine Spektralfarben zerlegte, ist Licht für Goethe eine unteilbare Einheit und entstehen die Farben aus der Vereinigung von Licht und Finsternis, von Hellem und Dunklem, durch die Beimengung eines trüben Mediums. Newton hat die Farben exakter Messung zugeführt, sie abstrakt-mathematisch geordnet und sie brauchbar gemacht zur technischen Nutzung. Goethes Farbenlehre hat der modernen Optik bis heute nichts »Nützliches« gebracht; ist aber fruchtbar für die Physiologie, die Ästhetik, die Kunst und für die Philosophie. Grundsätzlich hielt Goethe bei seinen Forschungen mehr auf das eigene Auge als auf die Technik. *»Der Mensch an sich selbst, insofern er sich seiner gesunden Sinne bedient, ist der größte und genaueste physikalische Apparat, den es geben kann und das ist eben das größte Unheil der neuern Physik, dass man die*

*Experimente gleichsam vom Menschen abgesondert hat und
bloß in dem, was künstliche Instrumente zeigen, die Natur
erkennen, ja, was sie leisten kann, dadurch beschränken und
beweisen will.«[9]*

Den Tönen auf der Spur

Als Goethe 1805, dem Jahr von Schillers Tod, in Halberstadt die
Porträtsammlung im 'Freundschaftstempel' des Poeten Wilhelm
Ludwig Gleim besichtigte, wurde er in einem Punkt ziemlich
enttäuscht. Er sah dort »über hundert Poeten und Literatoren,
aber unter diesen keinen einzigen Musiker und Komponisten.«
Das war für Goethe kaum zu fassen, zumal Gleim eigenen
Worten zufolge »nur im Singen zu leben und zu atmen schien.«
An dieser Stelle bekannte Goethe in den Annalen von 1805,
dass er die Tonkunst als das wahre, grundlegende Element aller
Dichtungen sieht, »woher sie entspringen und wohin sie zurück-
kehren.«[10] So wie Goethe den Ursprung von Urpflanze und
Farben zu ergründen suchte, so beschäftigte ihn auch der Ur-
sprung der Musik.

Nach dem Verlust Schillers intensivierte sich der Kontakt zu
Zelter, dieser trat jedoch nicht nur als Komponist von Goethes
Gedichten in Erscheinung, sondern vor allem als dessen musika-
lischer Ratgeber und Diskussionspartner. Von Zelters Berliner
Sing-Akademie inspiriert, rückt zunächst der Gesang in den
Vordergrund. Aus der Kur in Karlsbad schreibt Goethe am 27.
Juli 1807: *»Mit der Oper, wie sie bei uns zusammengesetzt ist,
mag ich mich nicht abgeben, besonders weil ich diesen musikalischen Dingen nicht auf den Grund sehe. Ich wünsche daher
das Säkulum sich selbst überlassen und mich ins Heilige zurück-
ziehen. Da möchte ich nun alle Woche einmal bei mir mehr-
stimmige geistliche Gesänge aufführen lassen, im Sinne Ihrer*

Anstalt, obgleich nur als den fernsten Abglanz derselben. Helfen Sie mir dazu und senden mir vierstimmige nicht zu schwere Gesänge, schon in Stimmen ausgeschrieben. Ich ersetze die Auslagen mit Dank. Zeigen sie mir an, ob man im Notendruck, oder gestochen, dergleichen findet. Auch Kanons und was Sie zu dem Zwecke nützlich halten.«[11]

Wichtigste Stütze der »kleinen Singanstalt«, wie Goethe seine Hausmusik gerne nennt, ist ihm seine Frau Christiane. Ein Jahr später, wieder in Karlsbad, wird er nicht müde, sie brieflich immer wieder zu ermuntern: »*Die musikalischen Übungen halte ja zusammen.[12] ... Wer weiß, was daraus entstehen kann, wenn wir es einige Jahre fortsetzen.«[13]*

Im Jahre 1810, diesmal zusammen mit Zelter in Karlsbad, kommt es zu einem intensiven täglichen Dialog über musiktheoretische Fragen, die den Abschluss von Goethes Tonlehre besiegeln. In der Fragment gebliebenen Skizze heißt es: »*Das Musikalisch-Hörbare erscheint uns: organisch (subjektiv), mechanisch (gemischt), mathematisch (objektiv). Alles Dreies fällt zuletzt wieder zusammen, bequem durch die Kraft des Künstlers, schwerer durch wissenschaftliche Darstellung.«[14]* Hier folgen fünf Spalten, in denen Goethe die Gesetze des Hörbaren ganzheitlich zu erfassen suchte. Die Übersicht in Form einer Art aufrollbaren Schullandkarte lag ihm so sehr am Herzen, dass er sie im Schlafzimmer über dem Waschtisch anbringen ließ.

Bereits 1808 widmete er der Tonlehre ein Kapitel in der Farbenlehre. »*Dass ein gewisses Verhältnis der Farbe zum Ton stattfinde, hat man von jeher gefühlt ... Vergleichen lassen sich Farbe und Ton untereinander auf keine Weise, aber beide lassen sich auf eine höhere Formel beziehen, aus einer höhern Formel beide, jedoch jedes für sich, ableiten. Wie zwei Flüsse, die auf einem Berge entspringen, aber unter ganz verschiedenen Bedingungen in zwei ganz entgegengesetzte Weltgegenden laufen, so dass auf dem beiderseitigen ganzen Wege keine einzelne Stelle der andern verglichen werden kann, so sind auch Farbe und Ton. Beide sind allgemeine elementare Wirkungen nach dem allgemeinen Gesetz des Trennens und Zusammenstrebens, des Auf- und Abschwankens, des Hin- und Wiederwägens wirkend, doch nach ganz verschiedenen Seiten, auf verschiedene Weise, auf verschiedene Zwischenelemente, für verschiedene Sinne.«*

Goethe scheute das einseitig an der Physik orientierte Abhandeln der Tonkunst, *»eben darin läge die größte Schwierigkeit, die für uns gewordene positive, auf seltsamen empirischen, zufälligen, mathematischen, ästhetischen, genialischen Wegen entsprungene Musik zugunsten einer physikalischen Behandlung zu zerstören und in ihre ersten physischen Elemente aufzulösen. Vielleicht wäre auch hierzu auf dem Punkte, wo Wissenschaft und Kunst sich befinden, nach so manchen schönen Vorarbeiten Zeit und Gelegenheit.«*[15]

Studien der besonderen Art

Goethes Kuraufenthalte in den verschiedenen Heilbädern waren gleichzeitig immer auch Bildungsurlaube und gaben Gelegenheit, sich den Bereichen zu widmen, die im Weimarer Alltag zu kurz kamen. 1818 zog sich Goethe für drei Wochen nach Berka zurück, um anlässlich des Besuchs der österreichischen Kaiserin in Weimar einige Gedichte fertigzustellen. Dazu brauchte er nicht nur Ruhe, sondern offensichtlich auch Aufmunterung. In solch seelischer Verfassung erinnerte er sich des musikalischen Badeinspektors Johann Heinrich Friedrich Schütz, der neben dem Brotberuf noch als Organist tätig war. Von diesem ließ er sich drei bis vier Stunden täglich Klaviermusik vorspielen. Und zwar, *»nach historischer Reihe: von Sebastian Bach bis zu Beethoven,* *durch Philipp Emanuel, Händel, Mozart, Haydn durch, auch Dusseck und dergleichen mehr. . . . Nun habe ich das wohltemperierte Clavier, so wie die Bachischen Chorale gekauft und dem Inspektor zum Weihnachten verehrt, womit er mich denn bei seinen hiesigen Besuchen erquicken und, wenn ich wieder zu ihm ziehe, auferbauen wird.«* (An Zelter, 4. Januar 1819).[16]

Tatsächlich sind solche musikalischen Praktika Goethes bei Schütz seit 1814 belegt. Bisweilen kam Schütz auch nach Weimar, um Goethe in seinem Haus am Frauenplan, wo es nach Christianes Tod 1816 »sang-und klanglos« geworden war, oft stundenlang Bachsche Sonaten vorzuspielen. Um sich ganz auf die Musik zu konzentrieren, legte Goethe sich ins Bett. Sein Freund Zelter war von dieser Hörgewohnheit beeindruckt und kommentierte sie noch Jahre später: »Bachs Urelement ist die Einsamkeit, wie Du ihn sogar anerkanntest, indem Du einst sagtest: ›Ich lege mich ins Bett und lasse mir von unserem Bürgermeisterorganisten in Berka Sebastian spielen.‹ So ist er, er will belauscht sein.«[17]

Ebenso wie Schütz hat auch Zelters berühmter Schüler Felix Mendelssohn Bartholdy Goethe in geschichtlicher Reihenfolge vorgetragen. Mendelssohn war mehrere Male Goethes Gast in Weimar. Vom ersten Besuch des damals Zwölfjährigen erzählt Ludwig Rellstab.

In den Gesellschaftszimmern Goethes befand sich ein vortrefflicher Streicher'scher Flügel, den ihm Rochlitz besorgt hatte. Dort fanden wir uns am Abend des Tages alle wieder zusammen; denn Goethe hatte eine größere Gesellschaft geladen, um seine Weimarischen Freunde, insbesondere die musikalischen, mit dem staunenswürdigen Talente des Kindes, von dem ihm Zelter den Tag über viel erzählt, auch früher schon manches geschrieben, bekannt zu machen. Unter den Geladenen befand sich auch der Weimarische Regierungsrat Schmidt, der, ein leidenschaftlicher Verehrer Beethovens, dessen Sonaten sämtlich mit Feuer und Fertigkeit spielte und sie zum größten Teil auswendig wusste; außerdem, wenn ich mich richtig erinnere, der Musikdirektor Eberwein mit seiner Gattin, einer ausgezeichneten Sängerin, Herr v. Knebel, Froriep u. a. . . .

Goethe war ein großer Freund der Bachschen Fugen; es wurde also auch Felix Mendelssohn die Aufforderung gestellt, eine Fuge des hohen Altmeisters zu spielen. Zelter wählte sie aus dem Notenheft der Bachschen Fugen, welches herbeigebracht wurde, und der Knabe spielte dieselbe völlig unvorbereitet mit vollendeter Sicherheit . . . Goethes Freude wuchs bei dem erstaunungswürdigen Spiel des Knaben. Unter anderm forderte er Felix auf, ihm ein Menuett zu spielen.

»Soll ich Ihnen das schönste, das es in der ganzen Welt gibt, spielen?« – »Nun, und welches wäre das?« – Er spielte das Menuett aus »Don Juan«.

Goethe blieb fortdauernd lauschend am Instrument stehen; die Freude glänzte in seinen Zügen. Er wünschte nach dem Menuett auch die Ouverture der Oper; doch diese schlug der Spieler rund ab mit der Behauptung, sie lasse sich nicht spielen, wie sie geschrieben stehe, und abändern dürfe man nichts daran. Dagegen erbot er sich die Ouverture zum »Figaro« zu spielen. Er begann sie mit einer Leichtigkeit der Hand, mit einer Sicherheit, Rundung und Klarheit in den Passagen, wie ich sie nie wieder gehört . . .

Goethe wurde immer heiterer, immer freundlicher, ja, er trieb Scherz und Neckerei mit dem geist- und lebensvollen Knaben. »Bis jetzt« – sprach er – »hast Du mir nur Stücke gespielt, die Du kanntest, jetzt wollen wir einmal sehen, ob Du auch etwas spielen kannst, was Du noch nicht kennst. Ich werde Dich einmal auf die Probe stellen.«

Karl Friedrich Zelter und der zwölfjährige Felix Mendelssohn, beide porträtiert von Wilhelm Hensel, dem späteren Ehemann von Felix' musikalisch hochbegabten Schwester Fanny. Als Felix ein Lied von ihr vorspielte, erkannte Goethe als einer der ersten ihr Talent und gab umgehend einige Gedichtvertonungen in Auftrag.

Er ging hinaus, kam nach einigen Minuten wieder ins Zimmer und hatte mehrere Blätter geschriebener Noten mitgebracht.

»Da habe ich einiges aus meiner Manuskriptensammlung geholt; nun wollen wir dich prüfen. Wirst du das hier spielen können?«

Er legte ein Blatt mit klar, aber klein geschriebenen Noten auf das Pult; es war Mozarts Handschrift. Der junge Künstler spielte mit vollster Sicherheit, ohne nur den kleinsten Fehler zu machen, das nicht leicht zu lesende Manuskript vom Blatt; das Stück klang, als wisse es der Spieler seit Jahr und Tag auswendig, so sicher, so klar, so abgewogen im Vortrag.

Goethe blieb, da alles Beifall spendete, bei seinem heiteren

Ton. »Das ist noch nichts!« rief er; »das könnten auch andere lesen. Jetzt will ich Dir aber etwas geben, dabei wirst Du stecken bleiben. Nun gib acht!« Mit diesem scherzenden Ton langte er ein anderes Blatt hervor und legte es aufs Pult. Das sah in der Tat sehr seltsam aus: man wusste kaum, ob es Noten waren, oder nur ein liniertes, mit Tinte bespritztes, an unzähligen Stellen verwischtes Blatt.

Felix Mendelssohn lachte verwundert laut auf. »Wie ist das geschrieben! Wie soll man das lesen?« rief er aus. Doch plötzlich wurde er ernsthaft; denn indem Goethe die Frage aussprach: »Nun rate einmal, wer das geschrieben?« rief Zelter schon: »Das hat ja Beethoven geschrieben! Der schreibt immer wie mit einem Besenstiel und mit dem Ärmel über die frischen Noten gewischt. Ich habe viele Manuskripte von ihm: die sind leicht zu kennen.« . . .

Bei diesem Namen aber war Felix Mendelssohn plötzlich ernsthaft geworden, mehr als ernsthaft; ein heiliges Staunen verriet sich in seinen Zügen. Goethe betrachtete ihn mit forschenden, freudestrahlenden Blicken. Der Knabe hielt das Auge unverwandt auf das Manuskript gespannt, und leuchtende Überraschung überflog seine Züge, wie sich aus dem Chaos ausgestrichener, frisch verwischter, über- und zwischengeschriebener Noten und Worte ein hoher Gedanke der Schönheit, der tiefen, edeln Erfindung hervorrang.

Das alles währte aber nur Sekunden; denn Goethe wollte die Prüfung scharf stellen, dem Spieler keine Zeit zur Vorbereitung lassen. »Siehst du!« rief er; »sagt' ich's dir nicht, du würdest steckenbleiben? Jetzt versuche! Zeige, was du kannst!«

Felix begann sofort zu spielen. Es war ein einfaches Lied; deutlich geschrieben, eine kinderleichte, gar keine Aufgabe, selbst für einen mittlern Spieler, so aber gehörte doch dazu, um aus den zehn und zwanzig ausgestrichenen, halb und ganz

101

verwischten Noten und Stellen die gültigen herauszufinden, eine Schnelligkeit und Sicherheit des Überblicks, wie sie wenige erringen werden ... Einmal spielte er es so durch, im Allgemeinen richtig, aber doch einzeln innehaltend, manchen Fehlgriff unter einem raschen »Nein, so!« verbessernd; dann rief er: »Jetzt will ich es Ihnen vorspielen!« Und dieses zweite Mal fehlte auch nicht eine Note; die Singstimme sang er teils, teils spielte er sie mit ... Mit diesem Probestück ließ es Goethe genug sein. Dass der junge Spieler wiederum das reichste Lob erntete, welches sich bei Goethe in den neckenden Scherz versteckte: hier habe er doch gestockt und sei nicht ganz sicher gewesen - darf ich kaum hinzufügen.

Der Dichtergreis weissagte dem musikalischen Wunderknaben die größte Zukunft; er sprach mit vollem, warmem Glauben davon zu mir, an den er sich in dieser Beziehung öfters wandte. Seine echte künstlerische Freude über die vielverheißende Erscheinung loderte immer wieder in frischen Flammen auf. Entschieden war der Knabe sein Liebling geworden.[18]

ANHANG

Zeittafel

1749	Geboren am 28. August in Frankfurt am Main.
1759-63	Französische Besetzung Frankfurts. Einquartierungen im Elternhaus.
1765	Jurastudium an der Universität Leipzig. Bekanntschaft mit Oeser.
1768	Abbruch des Studiums wegen Krankheit.
1770	Wiederaufnahme des Jurastudiums in Straßburg. Begegnung mit Herder.
1771	Lizentiat der Rechte.
1772	Bekanntschaft mit Merck und dem Darmstädter Kreis. Praktikant am Reichskammergericht Wetzlar. *Von deutscher Baukunst.*
1773	*Götz von Berlichingen.*
1774	Veröffentlichung des größten deutschen Bestsellers seiner Zeit: *Die Leiden des jungen Werthers.*
1775	Ankunft in Weimar. Bekanntschaft mit Charlotte von Stein.
1776	Eintritt in den Weimarischen Staatsdienst. Übernahme zahlreicher Ämter in den folgenden Jahren. Dramatische Produktionen für das Liebhabertheater.
1777	Harzreise im Winter.
1779	Ausgedehnte Schweizer Reise mit Herzog Carl August.
1782	Tod des Vaters. Bezug des Hauses am Frauenplan. Nobilitierung.
1786	Heimliche Abreise aus Karlsbad nach Italien.
1788	Rückkehr nach Weimar. Verbindung mit Christiane Vulpius.
1789	Geburt des Sohnes August. Berufung Schillers nach Jena.
1791	Leitung des Weimarer Hoftheaters.
1794	Beginn des Bündnisses mit Schiller. Mitarbeit an dessen Schrift *Die Horen.*
1796	Zelter schickt erste Goethe-Vertonungen. *Wilhelm Meisters Lehrjahre.*
1798	Herausgabe der *Propyläen*, Zeitschrift für bildende Kunst (bis 1800).
1805	Tod Schillers. *Winckelmann und sein Jahrhundert.*
1807	Tod der Herzoginmutter Anna Amalia.
1808	Tod der Mutter. *Faust. – Eine Tragödie.*
1810	Bittet Bettine Brentano, ihn bei seiner Autobiographie zu unterstützen. Intensive Gespräche mit Zelter zur Tonlehre. *Zur Farbenlehre.*
1811	*Dichtung und Wahrheit Teil I* (2.,3.und 4. Teil: 1812/1813/1830.)
1816	Tod Christianes. *Italienische Reise.* Beginn der Zeitschrift *Über Kunst und Altertum* (bis 1832).
1817	Entbindung von der Theaterleitung.
1821	Besuch Zelters und seines Schülers Felix Mendelssohn Bartholdy in Goethes Haus. Erste Fassung *Wilhelm Meisters Wanderjahre.*
1828	Tod des Großherzogs Carl August.
1830	Tod des Sohnes August in Rom.
1831	Vollendung des *Faust II.*
1832	Am 22. März stirbt Goethe in seinem Haus am Frauenplan.

Literaturnachweise

Abkürzungen:

Johann Wolfgang Goethe: Holzinger-Werkausgabe, Berlin 2013:

Faust	Faust – In ursprünglicher Gestalt
Ged.	Gedichte
IR	Italienische Reise. Auch ich in Arkadien!
MuR	Maximen und Reflexionen
WML	Wilhelm Meisters Lehrjahre

Holzinger-Werkausgabe, Berlin 2014:

AmL	Aus meinem Leben. Dichtung und Wahrheit.
Farbenl.	Zur Farbenlehre
Tasso	Torquato Tasso
WMW	Wilhelm Meisters Wanderjahre oder Die Entsagenden

Weitere Quellen:

Briefe I	Ernst Hartung (Hrsg): Alles um Liebe: Ebenhausen b. München, 1949
Briefe II	Ders.: Vom tätigen Leben: Ebenhausen b. München, o. J.
Borchmeyer	Dieter Borchmeyer: Sturm u.Drang: Straßburg – Frankfurt – Wetzlar, in: Schnellkurs Goethe, Köln 2005, onlineversion Goethezeitportal.de
Canisius	Claus Canisius: Goethe und die Musik, München 1998
Freitag	Dr. Egon Freitag: Herder, Licht, Liebe, Leben, Vortrag der Goethe-gesellschaft-erfurt.de
Gespr.	Goethes Gespräche. Hrsg. von Woldemar Freiherr von Biedermann, Bd. 1-10, Leipzig 1889 -1896
GW IV	Goethes Werke. Hrsg. im Auftrag der Großherzogin Sophie von Sachsen, IV. Abt.: Goethes Briefe, Bd. 1-50, Weimar 1887-1912.
Kunstth. Sch.	J. W. v. Goethe: Kunsttheoretische Schriften und Übersetzungen. Hrsg. von Siegfried Seidel, Bd.17-22, Berlin 1960 ff.
Nager	Frank Nager: Goethe. Der heilkundige Dichter, Fkf./M., Leipzig 1994
Proelß	Johannes Proelß: Frau Aja »Frohnatur«. Die Gartenlaube, Heft 4, Leipzig 1892
PW	J. W. v. Goethe: Poetische Werke. Hrsg. von Siegfried Seidel, Bd.1-16, Berlin 1960 ff.
Safranski	Rüdiger Safranski: Goethe. Kunstwerk des Lebens, München 2013
Von Arnim	Bettina v. Arnim: Goethes Briefwechsel mit einem Kinde, Berlin 2013
Walwei-W.	Hedwig Walwei-Wiegelmann (Hrsg.): Goethes Gedanken über Musik, Frankfurt/M 1985
Winckelmann	Johann Joachim Winckelmann: Gedancken über die Nachahmung der Griechischen Wercke in der Mahlerey und Bildhauer-Kunst, 1755

Motto u. Vorbemerkung
1 Ged., S. 289
2 Kunstth. Sch., Bd. 19, S. 90

1. Von der Kindheit
1 Ged., S. 509
2 MuR, S. 44
3 Proelß, S. 112 ff.
4 Von Arnim, S. 276 f.
5 AmL, S. 8 f.
6 Von Arnim, S. 277 f.
7 Ebd., S. 279
8 AmL, S. 8
9 Ebd.
10 Ebd.
11 Ebd., S. 83
12 Vgl. Als die Franzosen den Frankfurtern heimleuchteten, RheinMainTaunus-Magazin, 21.01.09
13 AmL, S. 62 ff.
14 Ebd., S. 64
15 Ebd., S. 69
16 Ebd., S. 64 - 68

2. Von der Studentenzeit
1 WML, S. 24
2 AmL, S. 163
3 Ebd., S. 163 f.
4 Ebd., S. 226
5 Ebd., S. 227
6 Safranski, S. 56
7 AmL, S. 228 f.
8 Ebd., S. 229
9 Kunstth. Sch., Bd.19, S. 487
10 AmL. S. 264 ff.
11 Ebd., S. 283
12 Kunstth. Sch., Bd.19, S. 33 f.
13 Ebd., S. 36

3. Vom Sturm und Drang
1 Ged., S. 243
2 Freitag, online
3 AmL. S. 414
4 Gespr., Bd.1, S. 19
5 AmL, S. 413
6 AmL, S. 413 f.
7 AmL, S. 414
8 AmL, S. 471
9 Ged., S. 243 f.
10 AmL, S. 382
11 AmL, S. 493 f.
12 AmL, S. 496
13 AmL, S. 418
14 AmL, S. 419 f.
15 Borchmeyer, online
16 AmL, S. 431
17 AmL, S. 423
18 AmL, S. 433

4. Von den ersten Weimarer Jahren
1 AmL, S. 574
2 AmL, S. 472
3 GW IV, Bd. 4, S. 221
4 GW IV, Bd. 3, S. 51 f.
5 Nach Constanze Fürst: À la Silhouette, klassikstiftung.de, 2018
6 PW, Bd. 2, S. 210 f.
7 GW IV, Bd. 3, S. 91

8 Ebd., S. 94 f.
9 Ebd., S. 96
10 Kunstth. Sch., Bd. 19, S. 66 ff.
11 GW IV, Bd. 3, S. 47
12 Vgl. Deut. Wikipedia,
   Fürstliche freie Zeichenschule Weimar
13 Briefe I, S. 170
14 GW IV, Bd. 3, S. 122

15 GW IV, Bd. 4, S. 63
16 Ged., S. 236 f.
17 GW IV, Bd. 4, S. 79
18 Briefe I, S. 254
19 GW Bd. 7, Heiseler-Ausgabe,
   Gütersloh 1960, S. 44 f.
20 Briefe I, S. 258
21 Ebd., S. 260 f.
22 Ebd., S. 262

5. Von Italien

1 Ged., S. 95
2 GW III, Bd. 1, S. 204
3 GW IV, Bd. 8, S. 29
4 Ebd., S. 37 f.
5 Ebd., S. 39 ff.
6 IR, S. 434 f.

7 Briefe I, S. 385
8 Ebd., S. 418
9 GW IV, Bd. 8, S. 347
10 Biographie Johann Wolfgang
   Goethe, S. x, xlibris.de
11 IR, S. 441 f.

6. Von der »Weimarer Klassik«

1 Winckelmann, S. 2
2 Briefe I, S. 426
3 Ebd., S. 429
4 Ebd., S. 432 f.
5 Briefe II, S. 51 f.
6 Ebd., S. 73
7 Ebd., S. 69
8 Ebd., S. 72
9 Ebd., S. 114 f.
10 Ebd., S. 115

11 Goethe-Gespr. Bd. 5, S. 153 ff.
12 Briefe II, S. 147 f.
13 Ebd., S. 145
14 PW, Bd.16, S. 17 f.
15 Walwei-W., S. 236
16 GW IV, Bd. 6, S. 317 f.
17 Nach Walwei-W., S. 232
18 Ebd., S. 233
19 GW IV, Bd.13, S. 183 f.

7. Von der Wissenschaft als Kunst

1 Farbenl., S. 238
2 Ebd.
3 Nager, S. 259
4 MuR, S. 155
5 Faust, S. 5
6 Ged, S. 392
7 GW IV, Bd. 6, S. 288
8 Farbenl., S. 22
9 WMW, S. 348

10 PW, Bd. 16, S. 167 f.
11 GW IV, Bd. 19, S. 378 f.
12 GW IV, Bd. 20, S. 83
13 Ebd., S. 103
14 Nach Canisius, S. 230
15 Farbenl., S. 150
16 GW IV, Bd. 31, S. 45
17 Nach Canisius, S. 111
18 Gespr. Bd. 4, S. 137 ff.

Bildnachweise

S.8   Johann Conrad Seekatz: Familie Goethe in Schäfertracht, Goethe-National-
      museum Weimar © PD

S.15 Georg Oswald May: Catharina Elisabeth Goethe, Freies Deutsches Hochstift-
      Frankfurter Goethe-Museum © PD

S.15 Georg Friedrich Schmoll: Johann Caspar Goethe, Bildarchiv der Öst. National-
      bibliothek © PD

S.24 Adolph Werl (Lithograph): Goethes Studentenwohnung in Leipzig, Stadt-
      geschichtliches Museum Leipzig © PD

S.28 Christian Friedrich Wiegand: Oeser-Vorhang, Stadtgeschichtliches Museum
      Leipzig © PD

S.34 Anonym: Zeitgenössischer Stich Marie Antoinette 1770 in Straßburg © PD

S.37 Das Straßburger Münster, aus: Johann Wolfgang Goethe: Von deutscher Bau-
      kunst (Nachdruck der Erstausgabe von 1773), Rudolstadt 1997, S. 2

S.38 Johann Wolfgang von Goethe: Brief an Auguste Gräfin zu Stolberg,
      Patrimonia Nr. 67, Kultur Stiftung der Länder, Frankfurt/M. 1993

S.43 Laokoon-Gruppe: antikensaal-mannheim.com

S.43 Detail: Kopf des Laokoon © PD

S.50 Stich nach S. Amand: Lolotte et Werther. Goethe-Museum Düsseldorf © PD

S.54 Georg Melchior Kraus: Schröter als Iphigenie und Goethe als Orest © PD

S.57 Georg Melchior Kraus: Goethe mit einer Silhouette. Goethe-Mus. Ffm © PD

S.58 Johann Wolfgang Goethe: Stützerbacher-Zeichnung für Frau von Stein © PD

S.67 Johann Heinrich Wilhelm Tischbein: Goethe in der römischen Campagna,
      Städel Museum Ffm © PD

S.70 Johann Heinrich Wilhelm Tischbein: Das verfluchte zweite Kissen. Stiftung
      Weimarer Klassik © PD

S.74 Faustina nach der Zeichnung Goethes. Die Gartenlaube © PD

S.77 Theobald von Oer: Der Weimarer Musenhof © PD

S.82 Andreas Müller: Schiller, die Humboldt-Brüder u. Goethe in Jena © PD

S.87 Johann Wolfgang von Goethe: Zauberflöte, 6. Auftritt, Königin der Nacht.
      Wahl/ Kippenberg: Goethe und seine Welt, Leipzig 1932, S.158 © PD

S.89 Franz Ludwig Catel: Der Harfner, aus: Hedwig Walwei-Wiegelmann:
      Goethes Gedanken über Musik, Frankfurt/M 1985, Bildteil.

S.89 Franz Ludwig Catel: Mignon als Engel, ebd.

S.90 Johann Wolfgang von Goethe: Farbenkreis zur Symbolisierung des mensch-
      lichen Geistes- und Seelenlebens, Freies Deutsches Hochstift - Frankfurter
      Goethe-Museum © PD

S.100 Wilhelm Hensel: Felix am Klavier, aus: Eva Weissweiler: Fanny Mendels-
      sohn, ein Portrait in Briefen, Frankfurt /M. u. Berlin 1991, S. 12

S.100 Wilhelm Hensel: Carl Friedrich Zelter, ebd.

Die mit PD/Public Domain gekennzeichneten Werke sind Teil der freien
Mediensammlung Wikimedia Commons.